쉰 목소리로

쉰 목소리로

초판인쇄일 | 2013년 3월 13일
초판발행일 | 2013년 3월 18일

지은이 | 오양진
펴낸곳 | 도서출판 황금알
펴낸이 | 金永馥

주간 | 김영탁
실장 | 조경숙
편집 | 칼라박스
인쇄제작 | 칼라박스
주 소 | 110-510 서울시 종로구 동숭동 201-14 청기와빌라2차 104호
물류센타(직송 · 반품) | 100-272 서울시 중구 필동2가 124-6 1F
전 화 | 02) 2275-9171
팩 스 | 02) 2275-9172
이메일 | tibet21@hanmail.net
홈페이지 | http://goldegg21.com
출판등록 | 2003년 03월 26일 (제300-2003-230호)

값 15,000원

ISBN 978-89-97318-39-1-03810

쉰 목소리로

오양진 비평집

황금알

까마귀도 목이 쉬어
내 흉벽 안으로 들 덩컨의 운명을
울부짖고 있구나.
— 윌리엄 셰익스피어, 『맥베스』에서

쉰 목소리를 한 이상한 무리여.
한풍이 너희들의 보금자리를 엄습하였구나!
아직 황색으로 물든 강가에,
옛 고난의 언덕 위에, 해자와 움푹 팬 땅 위에
흩어져라, 집결하라!
……
그러나 하늘의 성자들이여, 드높은 떡갈나무 가지 끝에는,
저녁 하늘 멀리 사라져 가는 그 작은 가지 위에, 애오라지
오월의 멧새를 남겨 주렴.
피할 수도 없이 풀숲 속
삼림의 가장 깊은 한 곳에
미래가 없이 패배의 몸을 길게 눕히고 있는 것을 위하여.
— 아르튀르 랭보, 「까마귀」에서

"쉰 목소리라 듣기 거북하시겠지만,
당신 할아버지의 소설 몇 페이지를 읽어드리고 싶군요."
동그란 등불 앞에서, 그의 얼굴은 노인이었지만
그 표정에는 영원과 위엄이 서려 있었다.
— 호르헤 루이스 보르헤스, 「미로정원」에서

들어가는 말

이 두 번째 비평집에서 나의 비평적 사유는 미학과 도덕의 관계에 집중되고 있다.

이 관계의 역사적 변화는 그러한 비평적 주제를 불가피한 것으로 만든다. 고전주의는 도덕이 미학을 결정한다고 가르쳤다. 그리고 미학은 도덕과 관계가 없다며 미학적 자율성을 선포했던 것은 낭만주의자들이었다.

오늘날 우리는 낭만주의적 매개 속에서 제3의 것을 신봉하게 되었는데, 미학이 도덕을 결정한다는 도그마가 그것이다. 이제 우리는 미학적으로 성공할 때에만 예술작품이 훌륭하다고 생각하며 그 작품에 들어 있는 지적 내용에는 아무런 관심이 없는 듯하다. 예술적 감각만을 존중하려는 그러한 욕망 안에서 그 내용은 무엇이든 지지할 만하며 잘못된 견해라도 진실과 대등한 또 하나의 진실로 선언된다. 실제로 모든 판단을 미학적 감수성에만 의존함으로써 우리는 상대주의를 분별없이 일종의 시대정신이자 민주적인 관용의 지적이고 이념적인 표출로서 고무하고 있다.

따라서 이 시대에 비평은 절실한 것이 아닐 수 없는데, 여기서 사정은 오히려 더 심각해진다. 이것은 특히 문학비평에서 전형적이다. 최근에 새로운 미학적 풍조에 합류하는 문학적 독트린을 표명할 경우에 한해서 그 문학작품을 훌륭하다고 평가하는 평론가들만이 중요시되는 것은 부인할 수 없는 사실이다.

요즘 평론가들은 정의를 결정하는 주체가 미학이기를 주장하고, 또 그 미학이 문학을 결정하기를 주장한다. 그런가 하면 그들은 특정한 것에의 집착을 북돋우고 보편적인 감정을 전체주의적인 것이라고 지탄한다. 타인과 구분되려는 사람들의 자기애에 아첨하면서 보편성 속에서 처신하려는 모든 경향을 경멸하는 것인데, 심지어 이기주의에 높은 도덕성이 있다고 공언하기조차 한다. 오늘의 비평은 사람들이 원하는 모든 것을 대접함으로써 그들이 입맛당기는 음식만 먹도록 하고 실제 영양가로는 무엇이 좋은지 가르칠 것은 염두에 두지 않는 시인과 작가들의 역할을 찬양하는 셈이다.

그런데 이것은 종종 모든 문학은 다 훌륭하다며 개성을 존중하는 낭만주의적 가정과 결합됨으로써 최근의 문학비평을 조금 더 격하시키고 있는 것처럼 보인다. 사실 모든 문학작품이 다 비평적 호의의 대상이 되어야 한다고 가정하는 한, 좋은 문학비평이라는 것은 있을 수 없다.

우리는 그러한 민주주의적 가정에서 출발해 공허한 수사학의 절벽 끝으로 내몰리게 된 비평가들을 근래에 들어 많이 보게 된다. 그리고 작품성의 높낮이와 상관없이 문학작품들을 상대화시키면서 단순하게 칭찬해 왔기 때문에 오히려 진정한 가치를 지닌 작품이 주목을 받지 못하는, 문학적으로 불행한 사태도 생겨나고 있다.

실질적으로 출판 상업주의에 기초한 그러한 호의적 비평은 앞으로도 계속될 것인데, 이 문제를 해결하는 방법 가운데 하나는 비교 기준으로 작용할 수 있는 혹평 내지 악평을 만들어내면서 기존의 비평적 흐름을 반성할 수 있는 문학적 시야를 새로이 개방하는 것이라고 나는 생각한다.

이 비평집은 바로 그러한 혹평의 논리에 입각해 쓰인 10편의 에세이를 묶은 작은 책이다. 이 에세이들의 내용은 대체적으로 이러하다. 즉 좋은 문학과 나쁜 문학을 구분하는 가치의 문제가 무엇보다도 중요한데, 오늘날 문학평론가들이 주장하는 자유주의적이고 상대주의적인 개성의 이념은 그런 가치의 문제를 폐기함으로써 점증하는 문화적 타락의 원인이 되고 있다는 것이다.

요컨대 나의 비평은 혹평, 혹은 악평에서 출발한다. 그것은 가끔 텍스트에서 물러나 그것의 도덕적 목적을 살피고, 문학작품을 고립된 존재로서가 아니라 사회적인 결과의 원인이나 징후가 되는 것으로 간주하며, 나아가 모든 문학이나 문화가 동등한 권리를 갖는다고 생각하는 현대의 비평적 편견의 문제점과 이것이 초래한 한국사회의 문화 병리학을 비판하고 가치와 판단의 중요성을 지속적으로 강조한다.

말할 것도 없이, 비평이 검열을 할 수는 없지만 혹평은 할 수 있다.

차례

마음의 생태학적 도착

2009년 1월 어느 날, 생존권 보장을 요구하며 농성을 시작한 용산의 한 지역 철거민들을 강제 진압하는 과정에서 원인이 분명치 않은 화재 발생으로 철거민 5명과 경찰 1명이 목숨을 잃은 사건이 있었다. 그 참담한 사건을 대하면서 하나의 아이러니를 떠올렸다. 왜냐하면 모두의 생존을 위해 생태학적 참사라는 문제를 진지하게 고민한다던 한 사회가 철거민들의 생존권 요구를 거칠게 묵살한 끝에 용산 참사를 맞이하고 만 어처구니없는 일이었기 때문이다. 빈곤이라는 보다 가깝고 절실한 문제조차 해결하지 못한 사회에서 아직 멀게만 느껴지는 생태학적 문제들을 고민한다는 것은 어쩌면 하나의 사치일지도 모른다는 생각마저 들었다. 이것은 분명히 짧은 생각이었지만, 그렇다고 쉽사리 부정할 수 있는 생각도 아니었다. 아무튼 안타까운 일이었다.

그러나 더 안타까운 일은 그 사건에 대한 젊은 문인들의 반응이었는데, 이것이 '사람의 말'이라며 그들은 '절대적 자유'에 대한 꿈을 염원하고 있었다. 법의 폭력적인 집행에 대한 의분에서 비롯된 것이라 할지라도, 그것이 나에게는 참으로 놀랍고 두려운 갈망으로 다가왔다. 물론 자유에 대한 꿈은 예술가들의 해묵은 이상이기는 하다. 하지만 문제는 그것이 한계를 모르는 자유의 절대성을 내용으로 한 것이라는 점이었다. 그러니까 그들은 특정한 한계로부터의 자유를 말했던 것이 아니라 모든 한계들로부터의 자유를 말했던 것인데, 말하자면 자유의 이름으로 특정한 법에 반대하는 것이 아니라 법 그 자체를 반대한다고 할 수 있었다. '세상의 공인받지 않은 입법자들'이라는 시인에 대한 셸리의 자부심 넘치는 정의가 역설적이지만 나에겐 위안이 되어 주었다.

불행하게도 셸리의 위안은 오래가지 않았다. 젊은 문인들의 선언적 행위는 그 이후로 사람들 사이에서 거부감 없이 용인되었던 것이다. 물론 어떤 것에 의해서도 제한을 받지 않는 자유에 대한 그러한 비전은 우리를 사로잡는 매력이 있다. 그러나 심지어 모든 일에서 신중하고 비판적이길 바라는 지식인들조차 그것을 논란거리로 삼지 않은 것은 그 문인들의 선언을 확증해 주는 것처럼 보였는데, 반응이 없다는 것이 곧 지지를 의미하는 것은 아니었지만 나에게는 불길한 일이 아닐 수 없었다. 왜냐하면 묵인이라는 말이 가리키는 것처럼, 그것은 적어도 절대적 자유에 대한 지식인 사회의 상상적 공감을 암시했기 때문이다. 하지만 금지가 존재하지 않는 곳에 자유가 존재할 수 있을까. 사실 오늘날 금지와 끊임없이 타협하는 일이 자유의 본질이라는 칸트적 아이디어는 우리의 지식인들이 받아들이기에는 유독 난해한 교훈으로 보인다.

정확히 말하면 자유의 적은 금지나 법이 아니라 획일성과 유행이다. 따라서 드러나는 것은 한마디로 자기억제의 실패인데, 당연히 제대로 교육받은 사람은 금지이기 때문에 반대하는 것이 아니라 고수해야 할 것과 혁신해야 할 것을 알기 위해 그것을 반성한다. 그러나 금지로부터의 해방이라는 관념은 우리 사회의 지식인들, 특히 그들의 전형이 되는 문학적 지식인들 사이에서 그 자체의 이점들 때문에 아편처럼 유행하고 있다. 실제로 습관적으로 법을 깨고 경계를 부수는 사람들은 이 사회에서 불온함이라는 찬사와 함께 일종의 반문화적인 명예를 얻게 될 가능성이 아주 높은데, 물론 그렇게 될 때의 사회적 결과는 그들의 관심 대상이 아니다. 그리고 이와 더불어 또 다른 이점도 생긴다. 말하자면 그들은 의무의 중력으로부터 벗어나 진공 속에서 움직이는 도덕적 모나드가 됨으로써 모든 것을 제멋대로 할 수 있게 된다. 증거가 있다.

나는 그대의 찬 손에 쥐어진 칼 기꺼이 그대의 심장을 망칠 것이다

열두 살, 그때 이미 나는 남성을 찢고 나온 위대한 여성
미래를 점치기 위해 쥐의 습성을 지닌 또래의 사내아이들에게
날마다 보내던 연애편지들

(……)

미래를 잊지 않기 위해 나는 골방의 악취를 견딘다
화장을 하고 지우고 치마를 입고 브래지어를 푸는 사이
조금씩 헛배가 부르고 입덧을 하며

(……)

포옹을 할 때마다 나의 등 뒤로 무섭게 달아나는 그대의
시선!

그대여 나에게도 자궁이 있다 그게 잘못인가
어찌하여 그대는 아직도 나의 이름을 의심하는가

시코쿠, 시코쿠,

— 황병승, 「여장남자 시코쿠」 부분

이 황병승의 시는 지금 이곳에서 예술적으로 세련된 사람이 되기 위해선 무엇보다 금지나 경계에 무감각해야 한다는 사실을 증명하고 있다. 왜냐하면 복장 도착자만큼 금지를 금지하라는 조악한 요구를 극적으로 구현한 예는 달리 없을 것이기 때문이다. '열두 살' 때 처음으로 자신의 남성 안에서 '여성'을 발견한 그 복장 도착자는 심지어 자신에게는 '자궁'이 있다는 병리학적인 환상을 통해 생물학적인 경계마저도 뛰어넘는다. 그러나 진정 도착적인 것은 황병승이라는 시인의 생각과 마음에서 발견되는데, 놀랍게도 그는 프로이트라면 문제의 증상이라고 보았을 것을 그 문제의 해결책으로 삼는다. 그러니까 만일 복장 도착자의 비밀스런 욕망과 행위를 은

폐할 필요성이 제거된 사회가 도래한다면, “여장남자 시코쿠”가 겪었다고 주장하는 부당한 차별에서 암시된 비관용적인 사회의 문제는 쉽게 해결할 수 있다는 것이다. 사실 이러한 생각과 마음에서 일어난 도착은 위반과 전복의 평범성을 특징으로 하는 현대 한국문학에서는 전혀 낯선 것이 아니다.

물론 누군가는 내가 요점을 벗어났다고 말할지도 모른다. 시인이 복장 도착자의 존재를 드러내고 그에게 자신의 목소리를 빌려준 것은, 정당화할 수 없는 것을 정당화하고자 한 것이 아니라 그가 “사내아이들에게” 비밀스런 욕망을 품었던 일 이외에 딱히 ‘잘못’한 것이 없는데도 “무서운 시선”과 “골방의 악취”를 견뎌야 했던 비관용적인 사회의 악덕을 강조하고자 한다는 것이다. 다시 말해 그것은 마르쿠제가 ‘과잉 억압’이라고 불렀던 것의 한 예라는 것이다. 하지만 묻고 싶다. 문명은 항상 자신의 불만을 가지게 마련이고, 따라서 관용은 언제나 관대한 이해를 바라는 사람들 편에서의 어떤 과묵함을 수반하지 않았던가? 말할 것도 없이 수치심의 외투인 과묵함을 벗어던질 때 생각과 마음의 손상은 치명적인 광기가 되는데, 복장 도착자의 손에 “쥐어진 칼”이 그것을 예고한다.

지난밤 우리는 나쁜 마음 못생긴 얼굴로 엑스를 했지
파아악 냄새를 풍겼어 아줌마 아저씨들 인사를 기다리는 눈치였지만
우리는 아침부터 오를 죽이고 더럽게 아름다워졌어 아름다워지기 시작했지
이 이야기에서 저 이야기로
결국 모두 한 이웃이라고 아줌마 아저씨들 입을 모았지만
우리는 오를 살해하고 구체적으로 타지(他地) 사람이 되어갔어
이 노래에서 저 노래로
결국 같은 종점이라지만 우리는 처음 지나는 노선을 몇 번이고 돌며
나쁜 마음 못생긴 얼굴로 가슴속에 맺힌 노래를 불렀지
파아악 물탱크처럼 차올랐어 땅거미가 질 때까지
이 옥상에서 저 옥상으로 결국 하나의 숲이었지만
우리는 잠자리를 옮겨 다니며 조금씩 젖어들었지 굿 나잇, 버릇없는 인사를 던지며
아줌마 아저씨들 쓰러진 오를 안고 결국 하나의 무서운 법칙만이 있을 뿐이라고 강조했지만,
더럽게 시끄러웠고 우리는 다음날도 그 다음날도
이 계단에서 저 계단으로 우르르 몰려다니며 엑스엑스에 도전했지

파아악 한꺼번에 미끄러졌지

— 황병승, 「세븐틴」 전문

황병승이라는 시인의 또 다른 시인데, 여기서는 아예 추함과 아름다움, 좋은 태도와 나쁜 태도, 심지어 옳은 것과 그른 것의 경계조차 무시된다. 결국 시인에게 금지나 경계를 넘는 일은 시의 역할이 아니라 시의 유일한 역할이라는 사실이 드러난 셈이다. 어쨌든 참으로 노골적인 이 작품의 의도는 명백해 보인다. 즉 사회가 좀더 관용적이고 자유로운 곳이 되기 위해서는 '오(O)'가 사라짐으로써 '엑스(X)'가 차별받지 않는 민주적 변화가 필수적이라는 큐브릭식 망상을 제기하려는 것인데, 17세 악동들이 복장 도착자의 후견인으로 나서는 또 다른 도착이 나타나게 된 이유는 바로 거기에 있다. 그러나 억압적인 '오'의 살해라는 명분 속에서 "가슴속에 맺힌" 채 연민과 경쟁하던 분노 표출의 정당성을 찾는 일이 암시하듯이, 보다 심각한 것은 '버릇없는' 알렉스들로 분장한 시인은 정상적이고 사회적인 사람들과의 평등을 요구한다기보다는 오히려 자신은 그들보다 우월하다고 '노래'한다는 점이다. 싱잉 인 더 레인.

차이에 대한 존중과 야만주의 사이의 연결점은 너무

도 명백해서, 민주적 감정의 가치를 증명할 수 있는 새로운 이론을 고안하는 일이 절실하게 느껴질 정도다. 만약 엄살 같아 보인다면, 시인의 또 다른 시 「살인마(殺人魔, Birthday Rabbit)」를 읽어볼 필요가 있다. 물론 오늘날 한국문학의 공식적인 관리자들은 온갖 불만에 대한 감각을 문학적 예술의 진정한 본성으로 간주하고 있느니만큼, 도덕적 혐오감을 불러일으키는 날것의 격분에다 미학적 알리바이를 부여할 것임에 틀림없다. '상징적 살의'에 지나지 않는다고 말이다. 그러나 예술적으로 정당화된 살의는 곧 현실적으로도 정당화될 것인데, 왜냐하면 제약받는 것보다 제약 없이 행동하는 것이 좀 더 쉽고 좀 더 즉각적인 만족을 주기 때문이다. 그리고 이것은 차별을 차이로 대체하는 다문화주의적 오류에 빠진 비평적 엘리트들 사이에서 황병승이라는 시인의 첫 시집 『여장남자 시코쿠』(랜덤하우스중앙, 2005)가 얻고 있는 지속적인 인기를 파악하는 데 도움이 된다. 인기는 그의 두 번째 시집도 얻고 있다.

스위트 워러, 라는 여성이 있다
그녀는 툭 하면 시를 쓴다 멋진 시들을
줄 줄 줄 써버린다

문친킨 문친킨,
스위트 워러의 말이다.
언제부턴가 나는 이 말을 자주 중얼거린다
(……)
머릿속이 온통 뒤죽박죽일 때
뒤죽박죽으로 출렁거릴 때
담배를 뻑뻑 피우며
문친킨 문친킨…… 하고 말이다

무슨 뜻일까,
무슨 뜻이든
그저 문친킨 문친킨일 뿐이겠지만
오늘 같은 날은 한 백 번쯤 중얼거렸고
역시 문친킨의 힘이란
멍청해진 존재를
삽시간에 빨아들이는
마력을 가지고 있는 것이다
누가 뭐래도

— 황병승, 「문친킨-미치mich를 생각하며」 부분

지금까지 5쇄를 거듭했다는 황병승의 두 번째 시집 『트랙과 들판의 별』(문학과지성사, 2007)에서 고른 작품이다. 그렇게 된 것은 이 시가 시인의 이전 시편들과 비교해 볼 때 아무것도 바꾸지 않았지만 한편으로 약간의 변화를 나타내고 있기 때문인데, 실제로 그것은 자신에 대한 비평적 엘리트들의 얼빠진 옹호에 생색이라도 내려는 듯 범죄적인 것으로부터 미학적인 것으로의 초점 이동을 보여준다. 말하자면 관심의 대상을 살인에서 언어로 옮긴 것이다. 그러나 역시 이 시에서도 무차별적인 자유의 행사를 가로막는 경계에 대한 공격이 두드러진 주제가 된다. 이번에는 그것이 "무슨 뜻이든" 상관없게 만드는 "문친킨의 힘"으로 의미와 무의미의 경계를 파괴하는 일인데, 여기서 우리는 시인이 왜 그토록 인간의 불만들을 없애게 될 원리들을 열망했는지 그 속셈을 알아차릴 수 있다. 바로 그는 시를 쓸 때마다 겪는 고통을 손쉽게 장악하고 "줄 줄 줄" 쓰면서도 명성을 얻을 수 있는 지름길을 발견했던 것이다.

자신의 능력을 초과하는 예술적 갈망을 가진 시인에게 허용되는 비평적 관용의 사례가 없을 수 없다. 왜냐하면 자신의 개인적 문제들과 사회적 문제로부터 오는 강박관념들을 구별하는 데 어려움을 겪는 것은 우리 사회에서 예외적인 문제가 아니라 일반적인 문제이기 때문이다. 아닌 게 아니라 '멍청해진' 상태에서의 '담화의 무한 폭발'은 곧바로 '숭고'로서 호명되는 영예를 얻는다. 물론 시적 서술에서 명확성은 숭고성을 감소시키고 모호성은 숭고성을 증가시킨다는 점에서 그 호명은 맞다. 하지만 평가는 틀린 것인데, 사실 황병승이라는 시인의 상상력이 멈춘 그 '숭고한 뒤죽박죽'에서 사람들은 자신을 넘어서는 것들이 존재한다는 자각을 통해 초월적 감정을 경험함으로써 한계에 대한 겸허한 분별을 만나는 것이 아니라, 무분별이라는 그 어두운 무한으로부터 오는 무익한 환상으로 인해 오히려 말문이 막히게 된다. 분별의 경계를 넘으면 현명해지기보다 바보처럼 되는 것이다.

> 네가 지금 하고 있는 숙제도 너에게 세련을 알게 해주지는 못해 차라리 학교에 가서 세련되게 매를 맞아라 그것이 낡아빠진 작문 숙제일 경우에는 더더욱, 이라고 말하는 삼촌의 모습은 너무나도 세련된 것이어서 오늘은 조금도 세련되어 보이지 않는다 세련을 말하는 삼촌이 말이다 이것이 세련의 핵심쯤 되는가 보다
>
> (……)
>
> 그러나 아빠의 생각은 다르다 언제나 우리와 다르다 무

엇 때문인지 모르겠지만, 그는 말한다 네가 내 새끼라니…… 인생은 그런 게 아니지 인생은 그런 게 아니라니 하루 종일 뚝딱거리며 매일 똑같은 소리를 지껄인다 인생은 그런 게 아니라고 개집 하나를 지으면서도 아빠는 무엇 때문에 할아버지의 목소리를 닮아가는 것일까

(……)

우리는 차라리 학교라는 게 없었으면, 하고 바라는 열일곱인데 그것을 표현하기라도 하면 또 등짝으로 파리채가 떨어진다 바보 같은 짓이다 우리를 일깨워주기는커녕 늙은 노처녀 선생의 이마에서는 땀이 흐르니까 말이다 국가적인 시간 낭비가 아닐 수 없다 서로의 인생관이 너무나 다르고 말이 통하지 않는다

(……)

나는 늙은 노처녀처럼 국가적인 시체처럼 헉헉거리며 간신히 숨을 쉬고 있는 나의 모습이 이 세상에서 가장 세련되다고 생각하니까 말이다 우리에겐 언제나 우리들만의 승리, 어쨌든 그런 것만이 존재할 뿐이라고 굳게 믿으니까 말이다.

— 황병승, 「트랙과 들판의 별」 부분

교육은 "바보 같은 짓"이 되고 교육에 대한 거부는 "세련의 핵심"이 되는, 도착적이고 무분별한 세계가 여기서 간단없이 찬양되고 있다. 그러나 놀랄 것은 없다. 왜냐하면 그것은 숭고를 도착이나 무분별과 결합하는 포스트모던적 숭고가 정녕 컬트화되는 본질적인 이유를 알려주기 때문이다. 그러니까 높은 것과 낮은 것의 차별을 다만 '다르다'라는 차이로 대체하면 아주 커다란 심리학적 이점이 생기는데, 바로 과거와 의무의 무게로부터 해방되어 자신만을 위해 모든 것을 성취할 수 있는 권리와 자유의 느낌을 가지게 된다. 심각한 것은 문제가 거기서 그치지 않는다는 점이다. 경험에 대한 희망의 '승리'는 곧바로 좀더 적극적이고 악의적인 특성을 띠면서 교육과 지성, 나아가 문화의 향기를 지니는 모든 것에 대한 깊은 반감과 심지어 총체적 거부라는 사회적으로 재앙적인 결과를 이끌게 된다. 이런 가요를 기억하는가? "됐어 됐어 됐어 됐어/ 이제 그런 가르침은 됐어." 전에 서태지와 아이들은 교육이 거부된 세계를 '이데아'라 불렀지만, 이제 황병승과 그의 평론가들은 그것이 현실이 되어야 한다고 노래한다.

시인은 또 노래한다. "좋은 것이다, 서서히 앞을 내다볼 수 없게 되는 일"(황병승, 「배우는 울고 마차는 굴러간다」

에서). 정말 나쁜 것이 좋은 것일까? 아무리 터무니없는 거짓말이라고 해도 몇 사람쯤은 진실로 받아들이게 마련이다. 그들은 그래도 굽히지 않고 이렇게 말할 것이다. 만일 숭고라는 근본적으로 이질적인 경험에 문을 연다면, 그 전망의 상실이 창조적인 미래를 불러오게 될 것이라고 말이다. 그러나 이러한 저급한 아이러니로는 충분할 수 없는데, 무엇을 창조할 것인지를 말하지 않으면서 단지 미래를 개방하는 창조성은 부정성의 헛된 유희를 되풀이할 뿐이기 때문이다. 내가 그들을 무엇보다 현대적 허무주의자라고 부르고 싶은 까닭인데, 이것은 젊은이의 진영에 속하려는 모호한 욕망을 가지고서 자신의 민주적 감정을 증명하려고 애쓰는 자유주의적 지식인들의 신원이기도 하다. 결국 존재하는 것과 타협할 때와 그것에 저항해야 할 때를 아는 것은 지식이 아니라 성숙을 필요로 한다고 할 수 있다.

그런데 지식인들 가운데는 "사드는 칸트적 숭고의 진리"라는 지젝의 히스테리컬한 가르침이 대중에게는 여전히 불가해한 것으로 남아 있다는 것에 지적 자긍심을 가지는 이가 여전히 있을지도 모른다. 그러나 문제를 지식인 사회에 국한하고 사태를 얕잡아 보아서는 안 된다. '정신 생태학'이라는 관점에서 보면, 지식인 사회에 유포

되어 있는 도착된 생각과 손상된 마음은 어떤 의미에서 자연의 재앙을 넘어서는 문화적 재앙이 될 수 있다. 이것은 지적 엘리트들의 문학과 예술, 그리고 이념들이 언제나 좋은 사회적 영향을 미치는 것은 아니라는 명백한 암시이기도 한데, 실제로 지식인들 사이에서 유행하는 포스트모던적 유심론의 풍조는 이것의 효과적인 유인에 거의 저항할 수 없었던 대중들에게 성공적으로 감염되었다. 그도 그럴 것이 단테의 천국보다는 보슈의 지옥이 언제나 더 강렬하고 매력적이고 설득력이 있기 때문이다. 물론 명성에 대한 이기적 갈망 없이 참된 진실을 숭상하는 진정한 지식인들이 존재한다는 것을 안다. 그래서 힘이 나고, 그래서 오늘도 쓰레기를 치운다.

산야나 강가에서 쓰레기를 줍고 치우는 것이 자연을 지키는 일인 것과 마찬가지로, 문학 동네를 돌아다니며 고약한 냄새를 풍기는 문학적 쓰레기들을 비평하고 치우는 것 또한 자연을 보전하는 일이라고 할 수 있다. 왜냐하면 정신의 생태학이라는 사고 속에서는 마음이라는 자연을 보전하는 일은 자연을 지키는 생태학적인 과업의 연장선에 있기 때문이다. 물론 비평은 이전에도 그런 일을 멈추지 않고 해 왔다. 그리고 그것은 주로 쓰레기 더미 안에서 문학의 소중한 가치를 간직한 생각과 마음의 보석들을 발견하는 일과 관계된 일이었다. 그러나 문학작품이 점차 쓰레기 속의 보석이 되기보다는 그 쓰레기의 일부가 되어 가고, 또 몇 안 되는 보석들마저 그 쓰레기 더미에 묻혀버리는 오늘의 상황은 비평적 작업에 새로운 의무의 추가를 강력히 요청하고 있다. 다시 말해 요즘 비평가들에게는 문학적 보석을 발견하는 일보다 그 보석들이 제 존재를 드러낼 수 있도록 문학적 쓰레기들을 치우는 일(슈타이너는 이것을 비평과 구분해 서평이라고 불렀다)이 급선무가 되어야 한다.

계간지 『문학청춘』에 실릴 이 글이 그 '문학 청춘'에 문학의 '가을'을 얹게 되어 유감이다. 하지만 이것은 나쁜 일이 좋은 일이 되는 진정한 예이다.

문학의 곤경

18세기 한 프랑스인은 매일 아침 두꺼비 한 마리를 삼켜야만 하루 종일 그보다 더 역겨운 일을 당하지 않을 수 있다고 말한 적이 있다. 그러나 오늘날 우리 사회에서 젊은이들이 붐비는 곳을 걸으려고 마음먹었다면, 두꺼비 한 마리 가지고는 어림도 없다. 젊은이들, 특히 머리카락을 싸구려 무스로 곤두세우거나 귀나 배꼽 주변에 날카로운 금속들을 박아 넣은 그런 젊은이들은 자기들에게 권리가 있는 어떤 것을 이유 없이 빼앗긴 것처럼 공격적으로 주변을 흘깃거리고, 화가 난 듯이 거칠고 상스러운 욕설을 수시로 내뱉는다. 여기에는 주먹과 타액이 곁들여질 때도 있는데, 물론 수많은 젊은이들이 채우고 있는 유흥가 주변의 골목들에서는 말 그대로 흉겨운

축제 분위기가 느껴지기도 한다. 하지만 그곳에서 모욕당했다는 느낌을 상쇄시키려고 젊은이들과 한순간을 조금이라도 넘겨 눈을 마주치는 것은 일종의 도전으로 간주되어 위협적인 반응을 초래하게 된다.

김빠진 알코올 냄새와 역겨운 토사물의 냄새, 그리고 온갖 방종의 냄새와 뒤섞인 유흥가를 멀리 벗어나 있다고 해서 안심할 일도 아니다. 최근에 집 근처 횡단보도에서 있었던 일을 떠올리게 된다. 가방을 둘러멘 한 무리의 남자애들이 이미 바뀐 신호에 따라 움직이는 차량들을 무시하고 횡단보도로 달려들었다가 어떤 학원 버스와 부딪칠 뻔했는데, 그 애들은 보행자의 권리 운운하며 버스 운전기사에게 입에 담지 못할 욕설들을 퍼부었다. 놀라운 것은 여학생들조차 공격적으로 보인다는 사실이다. 신호등이 바뀌기를 기다리며 횡단보도 앞에서 있었을 때, 딸아이를 데리고 근처 문화회관으로 향하던 나는 하늘색 플라스틱 핀으로 단발머리를 산뜻하게 고정시킨 선홍빛 입술의 여자애들에게서 다음과 같은 으르렁거림을 들었다. “너 그 새끼 좋아하지?” “씨발, 아냐.” “존나 좋아하잖아?” “꺼져, 이년아!” 나는 재빨리 딸아이의 귀를 막아야만 했는데, 그때 그 여자애들의 눈빛은 경멸과 조롱으로 일그러졌다. 이제 젊은이들의 위협적이고 공격적인 욕설들을 듣지 않고 지나갈 수 있는 공간은 우리 사회에 거의 남아 있지 않은 것은 아닐까.

만약 지성을 모욕하고 자유의지를 무너뜨리는 힘이 발을 들여놓을 수 없다는 지적 성역으로서의 대학만큼은 그래도 아직 예외라고 생각한다면, 이보다 더 크나큰 착각은 없다. 오늘날 대학생들에게 '씨발'은 온갖 감정적 불쾌함에 편리하게 호응하는 역동적 추임새이고 '존나'는 모든 대화에 상시적으로 수반되는 필수적인 선행사이다. 실제로 내가 일하고 있는 대학에서 아주 편안하게 욕설을 내뱉는 대학생들을 어렵지 않게 목격하는데, 그때마다 정말이지 놀랍고 두려운 마음에서 숨조차 바로 하기 어렵다. 누군가는 그들이 위협이나 공격의 기미 없이 욕설을 내뱉는다는 것은 유흥가 젊은이들의 행동과 결정적인 차이를 보여준다고 말하고 싶을지 모른다. 그러나 폭력적인 언어 습관에서 드러나는 그런 가족적 유사성은 여전히 충격적일 수밖에 없는데, 왜냐하면 그것은 적어도 그와 같은 언어적 폭력에 대한 상상적인 공감을 시사하기 때문이다. 얼마 전 대학 사회 내에서 불거진 '막말녀' 사건은 어쩌면 그 공감이 실재의 삶에서 재연된 것이라 할 수 있을지도 모른다.

언어란 어느 사회에서든 그 공간의 경험적 구조와 삶

의 질을 암시하는 중요한 요소들 가운데 하나라고 할 수 있다. 따라서 한국의 대학에서 교양이나 예의를 형성하는 표준적인 언어를 당연하게 사용해 온 사람들이 현재 저급하고 상스러운 욕설로 그것을 대체하고 있다는 것은 근심스러운 변화이다. 불행하게도 우리 사회는 좋은 것과 나쁜 것, 높은 것과 낮은 것 등 문화적 향상에 필요한 표지들을 지우는 데 거의 성공한 것처럼 보인다. 말할 것도 없이 크고 작은 조짐들은 모든 곳에서 나타나는데, 대학의 젊은이들이 유흥가의 젊은이들과 동일한 복장을 하고 대중적 유행으로부터 자유롭지 못한 모습은 비근한 예에 지나지 않는다. 더 나쁜 것은, 천박하고 통속적인 언행을 일삼는 대학생들이 현재 한국의 지식인들에게 도덕적으로 그릇된 존재라기보다는 정치적으로 올바른 존재로 간주되고 있다는 사실로부터 온다. 특히 문화적 좌파들은 교양이 문화적인 상식이라는 이유에서 그것을 공격하는 모든 것에 반문화적인 명예를 부여함으로써 도발적이고 급진적인 정치학을 구성한다. 파괴하려는 충동이 곧 창조하려는 충동이라는 바쿠닌적 명제는 그들에게 일종의 금과옥조가 되는 셈이다.

창조적 파괴의 이념이 기승을 부리는 곳은 무엇보다도 문학의 영역이다. 최근 우리의 문학적 지식인들은 관습과 금기를 함부로 깨는 행위에서 자신들의 독창성과 자유에의 용기 등을 확인받으려는 많은 지식인들의 전형이 되어 있는데, 그들에게 그 금기가 깨어져야 하는 것인지에 대한 의문이나 그렇게 제약이 사라져 버릴 때의 사회적 결과는 대개 관심 밖에 있다. 물론 개인적 자유를 억압하는 모든 제약으로부터 벗어나야 한다는 그들의 주장과 달리 사려 깊고 교양 있는 대부분의 문학인들은 그러한 제약을 진정한 문화의 일부로 간주해 왔다. 그러나 경계 없는 삶에 대한 지지로 인해 대중과 지식인들로부터 상찬받게 될 가능성 앞에서 그들에게 그따위 문화는 오히려 사라져도 무방한 것으로 규정된다. 요즘에는 더럽고 비천하고 저급한 것을 인정해야만 비로소 문학적 가치를 가지는 것으로 언급될 뿐만 아니라, 부정확하고 통속적이고 천박한 말조차도 그런 식으로 용인되고 있다.

금기를 깨는 데 열중하는 문학들에게는 결과적으로 더 나쁜 것이 더 좋은 것인데, 이것은 나에게 창조적 파괴는 파괴적인 창조에 귀결될지 모른다는 불길한 암시로 다가온다. 이러한 암시는 요사이 내가 접한 소설들, 가령 김사과의 소설에서 표준적으로 나타난다. 『미나』(창작과비평사, 2008)라는 그 반문화적 성장소설은 벌써 3쇄를 찍었는데, 아마도 그녀의 소설은 기성의 제도적 질서에 대한 도발을 목표로 삼고 저속하고 극단적인 것이라면 무엇이든 괜찮다고 선언하는 바로 그 이유로 인해 주목받고 있음에 틀림없다. 실제로 이 소설은 정치적 유토피아주의를 높이 고양시킴으로써 싹쓸이 스타일로 현실적인 모든 것을 폄훼하는데, 말하자면 김사과는 우라노스를 제반 가치들의 정상에 올려놓고 코스모스를 심히 열등하게 평가하는 셈이다. 그러니까 그녀는 유치하고 폭력적인 사춘기적인 문학 실험에는 자신의 주제가 적합하지 않다는 점을 떠올리지 못하고 성장소설의 형식으로 일종의 반문화적인 선동책자를 쓰고 있다.

10대 청소년들이 등장하는 그 이야기는 단순하다. 대개의 청소년들은 집과 학교, 학원과 노래방을 전전하며 괴로운 '학생의 삶'을 살아간다. 그 중에는 경쟁의 고통을 자신의 계급을 유지하거나 향상시켜줄 기회로 간주하는 영악한 학생들도 있고, 그 고통에 떠밀려 우울증에 시달리던 끝에 독서실 옥상으로 올라가는 극단적인 학생들도 있다. 물론 이 소설의 주인공인 미나와 수정도 그러한 비정상적인 삶에서 자유롭지 못한 청소년들인데, 영악한 학생의 전형인 수정은 '지금-여기의 시대정신'에 완벽하게 적응한 소위 '체제순응적인 인간'으로 나오고, 가까운 친구의 죽음과 함께 극단적인 선택에 노출된 미나는 "이 시대와 사회에 어울리지 않는 자유로운 영혼"을 가진 학생으로 등장한다. 그러나 소설은 이러한 대조적 면모로부터 다소 놀라운 파국적 결말을 이끌어내는데, 문법적 정확성을 중시하고 '극기훈련'에 열광하는 수정은 풍요로운 감정을 존중하고 '대안학교'를 찾아가는 미나를 부러움과 경멸이라는 모순된 감정으로 대하며 모방과 배척 사이에서 갈피를 잡지 못하다가, 결국 미나를 칼로 잔인하게 찔러 죽이게 된다.

> 미나가 지르는 비명과 날카로운 금속조각에 찢기는 살의 소음은 너무나도 멀리서 들려와서 수정은 그것을 믿을 수가 없다. 수정은 미나의 벌어진 입을 바라보며 반복하여 찌른다. 하지만 믿을 수가 없다.
>
> "너, 때문에 너무 머리가 아파왔어. 그동안. 너, 때문에 아무것도 할 수가 없었어. 니가 나를 방해했어. 너 때문에 뒤돌아봤고 너 때문에 생각했고 너 때문에 궁금했어. 니가 나를 속여넘겼어. 왜 그랬어 미나야? 울고 싶어하지만 나는 웃을게. 정말이야. 너는 피를 흘리고 나는 웃는다. 나는 정말로 울고 싶어. 하지만 안 울 거야. 울면 지는 거야. 비웃음을 당하는 거야. 복잡해지는 거야. 쓰레기가 되는 거

고. 장애물이 되는 거야. 장애물을 제거하고 나는 달려 간다. 이수정. 끝까지 달려가서 승리한다. 나는 달려간다. 이수정! 달려간다. 이수정. 성공한다. 이수정. 성공한다. 아무 문제없다. 이수정. 이제 너는 숨을 쉬지도 않네. 하지만 잊지 마. 잊지 않을 거야. 그렇지? 고개를 끄덕여봐. 그렇다고 말해봐……"

피투성이의 미나가 바닥으로 굴러떨어진다. 힘없이 삐져나온 발목은 흐르지도 쌓이지도 않는 매끄러운 흰 살로 되어 있다. 수정이 놀라 뒷걸음친다. 주위가 빠르게 어두워진다. 멀리서 마돈나의 노래가 들려온다. 수정이 노래를 부르기 시작한다.

수정이 부르는 노래는 '마돈나'의 〈보그〉라는 곡인데, 여기서 작가의 의도는 의심할 여지가 없다. 모든 사람들이 추종하는 '유행'의 삶으로부터 '자유로운 영혼'은 미나처럼 불필요한 의문과 복잡한 고민으로 제도적 질서를 어지럽히는 '장애물'이 된다는 점에서 그것을 반드시 제거해 버리고야 마는 기성의 '시스템'이란 결국 수정이라는 인물처럼 아주 끔찍하고 가공할 존재라는 것이다. 이를 좀더 분명히 하기 위해, 시종일관 소설은 현실을 인정하고 노력하는 한 모범생에게서는 모든 덕성들을 떼어내고 비열한 언행들만을 나타내도록 하고, 반대로 현실을 비난하고 매도하는 어느 불량소녀에게는 그녀가 어떤 저열한 언행들을 일삼더라도 고상한 아름다움을 부여한다. 그리하여 온갖 악덕은 모범생의 것이고 모든 미덕은 불량소녀에게만 속하는 이 반문화적인 소설에서 두드러지는 정치적 열정은 불가피하게 주인공들에게 자연스럽고 알맞은 감정과 행동을 부여하려는 작가적 열정을 넘어가고 마는데, 이때 문학작품이 아니고서는 성취하기 어려운 교화적 영향들 중의 하나가 말살된다.

이처럼 김사과는 진실을 발견하는 데는 그다지 관심이 없다. 작가의 관심은 오로지 진실을 선언하는 것에 있다. 물론 그녀는 종종 예리한 관찰력으로 젊은이들의 문화가 아무런 제지 없이 번성하게 될 때 나타날 수 있는 사회적 결과들을 직관한다. 예를 들면 '헤드폰'을 늘 끼고 다니는 청소년들은 폭력적이고 선정적이고 산업화된 팝 음악에 거의 무방비로 노출되어 있으며, 그 결과 '욕'과 '술 · 담배'와 '섹스'에 친숙한 젊은이들의 문화는 일종의 각성된 앎과 성적 조숙성에 부착됨으로써 자제력과 극기의 미덕을 통해서만 극복될 수 있는 사춘기적인 미성숙에 그대로 방치되고 있다. 또한 그러한 조숙한 각성에 히스테리컬한 '장난'이 수반되기도 하는데, '목졸

리기'(최근에는 '목숨 턱걸이'가 유행 중이라고 한다)와 같은 자기파괴의 유행병이 그것이다. 그런가 하면 젊은이들의 문화적 지배 속에서 어른들과 '상의'하지 않는 조숙성이 성숙한 삶을 대신하는 세상은 모든 종류의 정감이 부재하는 세상이기도 하다.

"야. 나야. 나와봐." 김별의 낮고 초조한 목소리가 조용한 거실을 울린다.

"니가 여길 왜 왔어. 빨리 집으로 돌아가. 나 학원……"

"나와봐 좀!" 김별은 낮게, 그러나 위협적으로 으르렁거린다.

(……)

"기다려."

김별은 아파트계단에 걸터앉아 담배를 피우고 있다. 시장바구니를 든 두 중년여자가 못마땅한 그러나 약간은 겁에 질린 딱딱한 얼굴로 김별을 바라보며 단지를 가로지른다.

(……)

김별이 일어난다. 담배를 발로 밟아끄더니 다짜고짜 수정의 팔을 잡아채어 끌고 가기 시작한다. 수정이 팔을 빼보려고 하지만 팔이 마치 나무토막이 된 것처럼 뻣뻣하다. 수정은 눈과 입을 커다랗게 벌린 채 아파트 입구까지 끌려간다.

"아파!"

수정이 가까스로 소리를 지르자 김별이 멈춰선다. 수정이 손목을 감싸안고 바닥에 주저앉는다.

"괜찮아? 삐었어?"

수정이 김별을 노려본다. "아. 씨발."

수정에게 김별이라는 남자친구가 예고 없이 방문하는 소설의 한 대목이다. 그녀는 '키스'도 하고 자신의 '팬티'에 손을 집어넣는 일을 허락하기도 했던 그에게 갑자기 이별을 통고했는데, 단지 미나의 오빠 민호가 마음에 든다는 이유 때문이었다. 말할 것도 없이 수정이나 김별과 같은 청소년의 세계에서 다른 사람들과의 관계는 이기적이고, 잔인하고, 쾌락주의적인 목표를 달성하는 도구이자 수단에 지나지 않는다. 수정이 새끼고양이를 죽이는 대목은 무엇보다도 타인에 대한 순수하고 진심어린 애정이 결여된 그러한 무정하고 무관심한 세계의 특성을 말해 주는 상징적인 장면이라 할 수 있다. 그리고 젊은이들의 무감동한 언행들이 뿜어내는 알렉스(앤서니 버제스의 소설 『시계태엽 오렌지』에 나오는 주인공) 식 냉정함의 위협적 기운 앞에서 어른들은 대개 '딱딱한' 표정이 되고, 심지어는 '겁에 질린' 얼굴로 시선을 돌린다. 어떤 봉변을 당할지도 모른다는 두려움에서인데, 이제 담배를 피우며 흘낏거리는 청소년들은 그 존재 자체만으로 거부감, 심지어 공포감을 불러일으킨다. 이것은 사실 지금 우리 사회에서 확실히 일어나고 있는 일이다.

그러나 『미나』는 분노와 반항으로 동요하는 젊은이들의 방종과 이들이 지배하는 사회적 분위기를 정확히 재현하는 데서 그치지 않는다. 작가는 예술이 비관습성을 존중하는 영역이라는 미학적 알리바이를 가지고서 나이 든 사람들로부터 청소년들로 향하는 사회적 권위의 이동에 깊이 공감하고, 바로 사춘기적인 문화의 일부가 되려 한다. 실제로 그녀는 그 이동이 '다양성'을 억압하며 획일적인 체제를 강요하는 교육과 입시의 '지옥'으로부터 우리 모두를 벗어나게 해줄 것이라고 믿고 있는 것처럼 보인다. 그녀에 따르면, 젊은이들의 반문화적인 언행은 모두에게 가치 있는 것을 파괴하기는커녕 다양성을 존중하고 관용적인 분위기를 창조하는 자유로운 사회의 가능성을 보장한다. 다시 말해 개인적 감정과 유치한 변덕이 언행을 이끌어가는 유일한 권위가 되는 홉스적 세계만이 새로운 미래를 가져올 수 있다는 것인데, 김사과에게는 사회적으로 조건화됨으로써 위선적이 된 모범생보다는 오히려 진정한 불량 청소년들이 더 나은 존재라고 할 수 있다.

"그래 사실이다! 씨발 그래 우리집 존나 부자다! 그래 됐냐? 아니 이게 아니지. 이게 아닌데. 씨발 너 진짜 짜증나. 그래 우리집이 부자라고 치자. 아니 이것도 아니지. 아. 내가 무슨 말을 하려고 했지? 그러니까. 그러니까 너는 왜 그런 피해의식으로 가득 차 있냐? 그래 이거다. 아니 이것도 아닌데. 야…… 아 존나…… 너 때문에 다 까먹었어. 책임져. 씨발…… 아냐 생각났어. 생각났어. 그래…… 확실히 너는 나보다 똑똑해. 그리고 니네 집이 우리집보다 부자는 아니라고 해도. 그리고 사실 우리집도 부자는 아냐. 우리집 빚 장난 아닌 거 너 모르지? 우리 엄마 진짜 불쌍하다. 씨발 내가 왜 이딴 얘기를 너한테 하냐. 짜증나 이게 다 너 때문이야. 그런 표정 짓지 마. 너 싫어. 너 이 빌라에서 국산차 모는 집 우리집밖에 없는 거 그것도 모르지? 우리집 벼락부자인 거 너도 잘 알잖아? 겉으로는 안 그런 척 해도 다들 뒤에서 존나 씹어대. 너 우리집이 옛날에 어땠는지 알아? 존나까진 아니지만 아무튼 못살았어. 매달 생활비 걱정하고. 그렇다고 지금 걱정 안한다는 건 아냐. 어려서 나 시장에서 옷 사입었어, 됐냐? 그리고 시장에서 씨발 김치만두가 먹고 싶은데 씨발 엄마가 돈 없다고 안 사준다고 그래서 울었다가 진짜 뒈지게 맞은 적도 있어. 너는 그런 적 있냐? 너는 그런 적 있냐? 너는 그런 적 없잖아. 어떻게 따지면 니가 나보다 잘살잖아."

작가는 자신의 소설에 등장하는 젊은 주인공들의 진정성을 특히 '씨발'이나 '존나'와 같은 비속어를 채택함으로써 부각시키고자 한다. 하지만 그 진정성이 언어적 소통을 통해 공유 가능한 것처럼 보이지는 않는데, 왜냐하면 그들에게는 어떤 감정과 생각도 막힌 병 속에서 윙윙대는 한 마리 파리처럼 제어할 수 없는 성가신 존재로만 떠오르기 때문이다. 몽테뉴는 자신의 영혼 속에 있는 것을 표현할 수 없는 사람의 고통보다 더 큰 고통은 없다고 말한 적이 있다. 그들의 감정과 생각은 그들 자신에게도 불투명한 것, 말하자면 언어적 이유에서 그들이 그것을 어떤 종류의 전망이나 일관된 질서로 만들 수 없기 때문에 말하는 것이 어렵거나 불가능한 뒤죽박죽일 뿐인 그런 것이 된다. 여기서 우리는 언어적 소통에서 표준적이고 문법적인 언어를 익혀야 하는 일의 중요성을 상기하게 되는데, 아무리 영리한 사람일지라도 자신의 지능을 건설적으로 사용할 수 없는 사람은 결국 그것을 범죄적으로, 그리하여 자멸적으로 사용하기 쉽다.

당연히 비속어와 범죄는 밀접하게 결합되어 있는 것인데, 김사과가 『미나』에서 그 비속어에 부여하는 중요성은 그녀가 젊은이들의 분노와 반항을 자기방기와 범죄성의 표현이라기보다는 정치적 이상의 표현으로서 간주한다는 사실과 연결된다. 실제로 이 후자의 좀더 피상적이고 경솔한 견해는 정확하거나 정확하지 않은 '포멀한' 언어가 있다는 수정의 엘리트주의적 관념에 대한 공격을 통해 드러난다. 즉 진정성이 의심되는 문법적 정확성의 교육은 "극도의 효율성을 바탕으로 도움이 되지 않는 사항들을 제거해나가야" 하는 사회적 '통제'의 억압적인 실행일 뿐이고, 엘리트와 중산층을 중심으로 한 시스템이 '하층계급'에게서 '자아존중감'을 박탈하고 그들을 영구적인 예속 상태에 묶어두는 수단에 지나지 않는다는 것이다. 따라서 "높은 교육수준[만]이 가져오는" 그런 엘리트들의 언어적 '허영심'에 대한 거부는 부당한 지배에 대한 저항이자 모든 소통형식들과 더불어 모든 사람들에게 동등한 지위를 부여하는 정치적 유토피아주의에 부합하는 것이 된다. 미나의 그것은 물론 '맑스'를 계승한 '들뢰즈'와 '데리다' 같은 문화적 좌파들의 선동적인 이론으로부터 오고 있다.

이런 지식인이 사용하는 세련된 표현들을 작가가 자신의 작품 여기저기에 흩뿌려 놓았다 하더라도, 사실 그녀의 소설은 불량 청소년들을 만족시키는 온갖 비속어들이 차지하고 있다. 그런 점에서 『미나』의 작가는 이른바 포스트모던 지식인들에 비해 상대적으로 논리적 일관성은 갖추고 있는 셈이다. 하지만 그 작가의 언어적 비행들이 논리적 일관성이 아니라 감정적 희열과 관계되어 있다는 결론을 내리는 데는 특별한 검토가 필요하지 않다. 명백히 그녀는 천박하고 저급한 언어가 익숙하고 편리한 것으로 보이는데, 그런 작가로서는 표준 국어의 요소들은 전부 허위일 뿐이고 개인적으로 특정한 언어들만이 진정성을 갖는다는 이론이 얼마나 큰 자유이고 기쁨이겠는가! 요컨대 이 소위 문법적 자유주의자는 "무서운 여고생 집단 성"이라는 뉴스에도 불구하고 청소년들이 포르노를 많이 보는 것을 '단순한 문제'이자 권리의 문제로 간주한다는 점에서 문화적 자유주의자들의 이데올로기적인 자식이라고 할 수 있다.

실제로 문화적 자유주의자들은 항상 사회적 제약으로 인해 뒤로 밀려난 진정하고 자유로운 자아를 다시 발견할 수 있다고 믿는다. 그들에게는 사회적 환경이 인간을 자유라는 자아의 참된 본성에 따라 살아가지 못하도록 하는 일종의 베버적 쇠우리인 셈인데, 인간은 자유롭지만 사회가 그를 억압한다는 그러한 자유주의적 전제는 결국 '상처받은 자아'라는 테제와 결합된다. 그런데 '진정한 자아'는 어떤 자유주의자들에게는 종종 의지할

곳 없는 이 세상에서 범접하기 어려운 태양왕과도 같은 위세를 획득한다. 그리고 그것은 무엇보다 다른 사람들에게 모든 책임을 전가할 수 있는 좋은 구실이 되어준다. '진정한 자아'는 언제나 옳으므로 누군가의 삶을 좌절시키고 실패하게 만드는 것은 다른 사람들이나 사회적 환경이 된다는 것이다. 내가 최근에 읽은 소설들 가운데, 가령 〈오늘의 작가상〉 수상작인 김혜나의 『제리』(민음사, 2010)는 그 점을 분명하게 드러낸다. 그러나 사회적 환경이 사람들의 마음과 상관없이 곧바로 행동으로 연결되는 일은 결코 없다는 점에서, 좌절과 실패가 자신의 문제가 아니라 외부의 악의로부터 온다는 생각은 기만적이라고 할 수 있다.

경인선 전철역 주변을 배경으로 하는 『제리』에서 주인공은 수도권의 한 2년제 야간 대학에 다니는 21세의 여대생이다. 그녀는 중 · 고등학교 시절에 일찌감치 '문제아'로 낙인찍혀 냉대와 차별을 당하던 '날라리' 여학생이었고, 지금은 재수 끝에 겨우 인천의 2년제 대학 야간반에 다니지만 '꿈'을 잃고 유흥가 주위에서 술과 섹스와 피어싱 등으로 소일하는 "골 빈 여자애"가 되어 있다. 새롭고 특별한 인생을 열망하지만 자신의 힘으로 할 수 있는 것은 아무것도 없다고 체념한 그녀의 인생은 한마디로 '루저'의 그것인 셈인데, 이러한 "글러먹은 인생"에게 호스트로 일하는 제리와의 만남은 작지 않은 변화를 가져온다. 그것은 무엇보다도 "에이스와 같은 삶"을 위한 경쟁으로부터 밀려난 실패자라는 점에서 그가 그녀 자신과 닮은꼴이라는 동병상련의 감정으로부터 오게 되는데, 이를 통해 주인공은 마침내 '에이스'만을 환영하는 이 사회가 "언제나 나를 따돌리고 억누르는" 세계임을 깨닫는다.

어둠침침한 노래방 안에서 오로지 그 수족관만이 형형한 빛을 내뿜고 있었다. 멀리서 그것을 바라보려니 너무도 눈이 부셔 미간이 찌푸려졌다. 나는 손등을 이마에 갖다 대고 빛을 가리면서 천천히 그 앞으로 다가갔다.

네모난 모양의 수족관은 노래방의 한쪽 벽면을 다 메울 만큼 크고 넓었다. 바닥에는 희고 검은 돌멩이들이 깔려 있고 그 위로 모형 집과 인공 수초가 자리해 있었다. 물이끼가 잔뜩 낀 탓인지 물의 색깔이 묘하게 푸르스름했다. 그 안에서, 주홍빛 금붕어들이 살랑살랑 몸을 흔들며 헤엄을 치고 있었다.

나는 그 앞으로 더 가까이 다가가 보았다. 작고 조그마한 그들이 아가미와 주둥이를 벌리고 닫을 적마다 주홍빛 몸체가 크게 부풀어졌다가 다시 쪼그라들었다. 수조의 유리벽에 손바닥을 갖다 대고 그 모습을 가만히 지켜보았다.

더러운 수족관 속에서, 가짜 집과 수초 사이에서, 금붕어는 잠시도 쉬지 않고 몸을 움직여 나갔다.

그들 모두는 끊임없이 헤엄을 치며 어딘가로 향하는 듯했지만 어느 누구도 수족관 밖으로 빠져나올 수는 없었다. 아무리 발버둥 쳐 봤자, 어디로도 갈 수 없다는 사실을 나는 잘 알고 있었다. 그런데도 움직이기를 멈추는 금붕어는 단 한 마리도 없었다.

주인공이 노래방에서 제리와의 섹스를 끝내고 발견하게 된 "네모난 모양의 수족관"에 대해 작가가 부여하는 의미는 아주 명백하다. 세상은 그 수족관처럼 "가짜 집과 수초"로 이루어진 허위의 세계이자 어느 누구도 빠져나갈 수 없는 감옥과도 같은 곳이지만, 모든 사람들이 "주홍빛 금붕어"처럼 끊임없이 헤엄치며 어딘가로 향하려고 노력하는, 거지같고 구질구질하며 지긋지긋한 공간이라는 것이다. 여기서 자기연민의 감정은 그동안 주인공을 괴롭혀 온 자괴감이나 수치심을 밀어내기 시작하면서 마침내 절망의 그림자가 아닌 "형형한 빛"으로 미화된다. 그러나 개인적 책임이라는 개념을 사라지게 만드는 일종의 낭만주의적 변론을 통해 그처럼 유보 없이 자기정당화에 동조하는 일은 미학적으로도 껄끄럽고 현실적으로도 잘못된 것이라고 할 수 있다. 항상 자아가 아니라 세계가 문제의 원천이기 때문에 그 세계라는 장애물만 제거된다면 자아는 자동적으로 행복해질 거라는 이념의 모든 특징들을 압축한 그 환한 상징에는 엄청난 이기주의가 자리잡을 가능성이 아주 높기 때문이다.

사실 김혜나의 상징은 소설 속에서 진실이 굉장한 중요성을 차지함에도 불구하고 모든 진실은 자아에 헌신하는 충직한 하인이 되어야 한다는 특정한 문학적 신념을 보여준다. 그것은 분명히 자기반성의 소산이 아닌 자기기만의 결과인데, 이 사르트르적인 자기기만을 시종일관 유지하는 것은 실제로 『제리』의 심리학적인 목적과 기능으로 보인다. 만일 아무것도 하지 않으면서 새롭고 특별한 인생을 바라는 현대적인 영혼의 갈망으로부터 인간의 자기파괴에 대한 사실적인 보고서를 작성하는 것이 목적이라면, 당연히 작가의 이야기는 개연성 있는 것이 된다. 이때 주인공의 생활은 요즘 젊은이들에게서 목격하게 되는 이기적이고 방종한 종류의 삶을 대변한다고 할 수 있는데, 예를 들어 그녀는 교육과 노력을 통해 부모로부터 독립하고 더 넓은 세상으로의 입문을 수행하는 대신, 인생은 단지 운명적 조건의 문제일 뿐이라는 구실로 부모와 교사의 간섭을 피하고 성적 방종이라는 협착한 세계에서 일탈적 자유만을 구가한다. 또 기억이라고는 오직 '술과 섹스'밖에 없으면서도 매번 변함 없는 일상에 염증을 느낀다는 점에서 주인공은 경험에서 배우지 못하는 그런 젊은이이기도 하다.

> 강이 지갑을 뒤적이다가 고개를 돌려 나를 쳐다보았다. 미간에 주름이 잔뜩 잡혀 있었다. 야, 5000원만 줘 봐. 강의 목소리는 한 치의 거리낌도 없이 당당하게 뽑어져 나왔다. 이제는 자기 여자 친구가 아니고, 또 오늘은 자기가 원해서 온 것도 아니니까 좀 보태라는 식이었다. 번번이 찾아오는 쓰레기 같은 새끼한테 그동안 군말 없이 대해 준 게 누군데. 네가, 이러고도 나를 또 찾아오면 너는 정말 개새끼야! 라고 말하며 돌아서 버릴까 싶기도 했다.
>
> (……)
>
> 침대 머리맡에 자리를 잡고 누우려는데 별안간 그가 지난번 시도하다 만 애널 섹스를 하자고 난리를 부렸다. 2주쯤 전이었나. 그는 자꾸만 항문에 삽입을 하고 싶다고 말했다. 그것도 죽도록 하고 싶다고 말이다. 전혀 내키지 않았지만 결국 콘돔을 끼고 들어오는 조건으로 허락했다. 그러나 콘돔을 덧씌운 그의 성기가 항문에 닿자마자 나는 소리를 꽥 지르며 침대에서 굴렀다. 그것은 이전까지 느껴오던 고통과는 차원이 달랐다. 누군가 내 살들을 죽죽 찢어발기는 듯했고, 그 사이로 온몸의 내장들이 쏟아져 나올 것만 같았다. 나는 그에게 무릎 꿇고 빌면서 제발 그만해

달라고 부탁했다. 울지 않으려고 했는데 자꾸만 눈물이 나왔다. 그런데도 그는 괜찮을 거라며, 오늘은 아마 잘 들어갈 거라며 성기에 콘돔을 끼우고 있었다. 어떻게 거절해야 할지, 알 수가 없었다. 오늘은, 내가 원해서 온 건데, 생각하니 머리가 핑 돌았다.

강이라는 "인조이 파트너"에게 "애널 섹스"를 요구받고 주인공이 난감해하는 대목이다. 그녀는 그 "쓰레기 같은 새끼"와 이미 헤어진 사이인데도 불구하고 수시로 찾아오는 그에게 섹스를 허락해 왔을 뿐만 아니라 '2주' 전에는 변태적인 섹스에 대한 그의 요구로 한바탕 곤욕을 치르고서도 "오늘은" 자청해 그를 불러내었다. 그런가 하면 "귀가 거의 벌집 수준"이 될 만큼 피어싱을 한 그녀는 그곳을 뚫을 때마다 온갖 부작용과 고통에 시달리며 다시는 하지 않겠다고 결심하고서도 "언제 그랬느냐는 듯" 또 귀를 뚫는다. 드디어 그 고통이 배가 되는 코까지 뚫기에 이르는데, 불행하게도 그녀는 늘 같은 경험을 하지만 언제나 같은 결정을 반복하는 것이다. 루이 파스퇴르의 유명한 금언에 나오는 우연과 마찬가지로, 경험은 마음에 준비된 것만을 지지하는지도 모른다. 말할 것도 없이 그런 선택이 계속되는 한, 주인공이 "사회적 편견과 비난의 굴레"를 벗어나기는 불가능하다.

하지만 『제리』의 작가는 단지 그러한 현실을 객관적으로 묘사하기만을 바라는 것은 아니다. 소설의 표면적인 객관성 속에는 명백한 것임에도 불구하고 자아의 이기적 욕망에는 불편할 수밖에 없는 현실들에 직면하는 일에 대한 은밀한 거부와 외면이 담겨 있다. 즉 자신의 비참한 처지가 자포자기와 성적 방종을 뿌리로 하고 있다는 인정하고 싶지 않은 사실을 '편견'과 '차별', 그리고 '소외'와 같은 이데올로기의 개념적 필터들 통해 걸러 버리는데, 특히 주인공이 사용하는 '편견'이나 '차별'이라는 단어의 변용된 내포는 오래된 외연을 압도하면서 그녀의 이기주의에 대한 용이한 변명이 된다. 작가에 따르면, 놀랍게도 차별은 진실과 거짓, 아름다움과 추함을 판별하는 정신적 능력이 아니라 성적 · 인종적 · 계급적 편견에 수반되는 불쾌한 언행이다. 그렇다면 김혜나는 평등이라는 추상적인 이데올로기에 속박되어 정당한 편견이 존재할 수 있다는 것을 이해하지 못하는 셈인데, 이것은 "에이스들은 그저 가만히만 있어도 환영받는 세상이지"라는 제리의 극도로 서투른 견해에 대한 주인공의 공감과 동조를 통해 엿볼 수 있다.

"실의 얼굴 상처 말이야."

나는 대답하지 않고 제리의 불알을 빨았다. 내 대답 따위는 개의치 않고 제리가 계속해서 말했다.

"그거, 사실은 부모의 학대 때문이 아니래."

나는 다시 제리의 귀두로 올라가 단단해진 그의 성기를 서서히 입안으로 밀어 넣었다.

"실은 나이지리아의 어느 부족 태생이래. 그런데 그 사람들은 성인식 때 불에 달군 칼로 아이의 얼굴을 지진다는 거야."

입술을 한껏 오므리고 내려가는 도중 한 번씩 혀를 내밀어 핥으면서 귀두가 목젖까지 닿도록 깊숙이 다가갔다. 제리의 말이 이어졌다.

"그걸 미국 사람들이 오해해서 그렇게 퍼졌다는 말도 있고. 아, 누나."

제리의 성기가 목젖 너머로 밀려 들기 시작했다. 나는 그것을 식도 안쪽까지 끌어당겼다. 그러자 그는 하던 말을 멈추고 옅은 신음을 흘리며 내 어깨에 손을 얹었다. 도대체 실의 상처에 대한 말은 무엇이 진실일까. 이 많은 이야기들 중에 과연 진실이 있기나 한 걸까. 정말이지 그의 얼굴에는 어째서 그렇게 커다란 상처가 나 버린 걸까. 나는 아무리 생각해도 이해할 수가 없었다. 모든 것이 다 명확하지 않았다. 항상 문제만 있고 해답이 없었다. 눈에 보이는 건 오로지 상처뿐이었다.

작가는 자신의 소설의 배경이 되어 있는 편견과 차별의 사회적 굴레에 대한 반감과 분노를 세상의 불평등한 관계로부터 오는 등장인물들의 '상처'에 주목함으로써 드러낸다. 영국의 흑인 가수 실의 얼굴에 난 상처가 '성인식'이라는 사회적 관습에서 주어진 것이라는 제리의 새로운 증언을 의심하기는 하지만, 주인공은 '문제'가 세상으로부터 오는 상처라는 점에 대해서는 거의 확신을 가지고 말한다. 그러나 상처가 보편적인 문제이기는 하지만, 김혜나의 소설에서 그것의 기능은 자괴감과 수치심의 의미를 아는 사람들에게서 기능하는 것과는 완전히 다르다. 이는 작가의 분신이라고 할 수 있는 주인공에게 '상처받은 삶'이라는 명제를 통해 그녀 자신을 재도전을 앞둔 실패자라기보다는 오로지 피해자일 뿐이라고 생각하는 것을 허용하는데, 그것은 충동과 욕망의 즉각적인 만족으로부터 오는 비참함에 대한 모든 개인적 책임을 면제받는 데 실질적인 도움을 주는 것이다. 여기서 상처받은 자아의 연약한 면모는 "너 자신을 알라."라는 사려 깊은 고대적 충고 대신 "너 자신이 되라."는 경솔한 현대적 격려와 결합함으로써 결국 이기심에 봉사하는 힘의 원천으로 탈바꿈하게 된다.

실제로 김혜나의 소설은 경험의 보다 깊은 의미들을

탐구하는 데 바쳐지는 것이 아니라 그 의미들로 인해 상처 입은 자신을 옹호하기 위해 쓰인 것처럼 보인다. 『제리』는 자신이 불행해진 진정한 원인으로부터 눈을 돌리기 위해 잘못은 자신이 아니라 전적으로 세상에 있으며, 따라서 행복은 이 세상에 자기 자신을 관철시키는 일뿐이라는 것을 스스로에게 설득하고 있는 소설이 분명하다. 더 나쁜 것은 작가의 방종한 자기표현이 자신의 소설에 그려진 성적 방종을 훌쩍 넘어간다는 점인데, 왜냐하면 그녀는 온갖 선정적인 표현을 통해 자신의 방탕한 경험을 풀어 놓는 일만으로도 파괴적이고 반도덕적인 내용에서만 미학적 성취를 발견하는 문학적 무대에서 주목을 끌리라는 것을 알고 있는 것 같기 때문이다. 요약하자면 『제리』는 개인적인 불행을 일반화된 진리로 바꾸어서 작가가 자기경험의 불편함을 회피하는 일을 가능하게 해주고, 또 훈련되지 않은 노력들임에도 불구하고 자기표현이 충격적이기만 하다면 문학적으로 성공적인 데뷔가 가능할 것이라는 확신을 그녀에게 심어준다고 할 수 있다.

무엇보다도 킨제이(미국인의 성생활에 관한 충격적인 통계를 통해 성적 터부를 깨는 데 일조한 보고서의 저자이다)식 자기홍보의 걸작은 그렇게 탄생한 것인데, 자기존중의 표현으로서의 그 걸작이 문학적인 관점에서 볼 때 아무런 장점도 갖지 못한다는 것을 의심할 사람은 거의 없다. 그렇지만 그것이 그녀의 표현이 가져올 수 있는 이익이 없다거나 오늘날 무책임하고 제멋대로인 젊은이들의 영혼에 대해 무언가를 드러내지 못한다는 의미는 아니다. 사실 작가는 단순하고 무지한 자아라고 할지라도 자기표현에서 장애물을 갖지 않는다는 것을 스스로 입증하고 있는데, 가령 매춘부를 생각나게 하는 옷을 입고 다니는 주인공의 후배 미주가 "시인이라는 꿈"에 대해 말하는 장면을 들 수 있다. 그 꿈은 한마디로 자기만족을 통해 구원받으려는 현대적인 영혼의 사회심리학적인 문제들을 압축한다. 그러니 작가라고 해서 자기 자신을 속일 필요를 느끼는 사람들로부터 예외가 된다고 할 수는 없다.

치명적인 사회적 결과들을 예고하는 위험한 씨앗들을 품은 두 편의 소설은 기본적으로 자기 자신의 일상적 자아를 긍정하고 행동하는 것, 그리고 행동하되 자기가 원하는 대로 행동하는 것이 인간의 권리이자 행복이라는 생각에 동의하고 있다. 누군가는 내가 잘못 읽고 있다고 말할지도 모른다. 등장인물과 작가 자신을 혼동하고 있고, 따라서 김사과와 김혜나의 소설이 보여주고 있는 저속성과 이기주의는 도덕적이고 문화적인 곤경에 빠진 우리 사회의 문제를 그저 반영하고 있을 뿐이라고 지적하면서 말이다. 그러나 곤경을 표현한 소설이 그 곤경을 비판하는 것인지 그 반대인지를 판단하는 것이(아이러니라는 문학적 장치 때문에) 결코 쉬운 것은 아니지만 불가능한 것도 아니다. 아니, 양의적인 모호성으로 도피하는 기교마저도 지나치게 높은 수준인지, 두 젊은 작가는 자신들의 소설을 사회적 곤경의 징후이기는커녕 너무도 명백하게 그러한 곤경을 자극하는 원인으로 만든다. 아니면 그 소설들은 적어도 그 곤경의 일부가 된다고 할 수 있다.

자연은 가끔이 아니라 종종 예술을 모방한다. 물론 그 젊은 작가들은 자유를 억압한다며 사회적 굴레를 깨뜨리고 싶어하지만, 그들의 자유라는 것은 기껏 저속하고 이기적인 언행의 자유에 지나지 않는다. 심지어 그들은 비록 더없이 미숙하고 야만적이라고 해도, 유일무이한 자기표현을 할 수 있는 존재에 대해 관용을 베푸는 그런 사회를 건설하려는 소망조차 피력하는데, 여기서 건설을 위한 파괴는 결국 파괴를 위한 건설에 귀착될 것이 뻔하다. 더 심각한 것은 그것이 혁명적 급진성에서 미학적 성취를 찾는 몇몇 작가들의 문제로만 그치지 않는다는 점이다. 오늘날 우리 문학은 그 의미를 유지하는 데 필요한 자유, 그것도 절대적 자유를 확보하고 있다고 상상하고, 자유의 가치가 무엇이고 또 그것이 사람들에게 무엇을 줄 수 있는지에 대한 매우 조악한 관념만으로 만족하며, 이런 재앙적인 자기만족 상태에서 수많은 일상적 자아와 본능을 제한 없이 풀어 놓는 오류에 이끌리고 있다. 그렇다면 오늘날 진정 개탄해야 할 문제는 사회적 곤경이 아니라 그 곤경을 젓가락처럼 닮아 있는 문학의 곤경이 아닌가 한다.

어둠을 몰아내려는 시도가 더 큰 어둠을 낳는 경우가 있다. 어떤 문학이 창조적인 파괴를 보여주는지, 아니면 파괴적인 창조를 드러낼 뿐인지를 분별하는 일이 필요한 것은 바로 그 때문이다.

사이코패스의 소설

근대의 범죄학자들이 범죄에 대해 제공하는 설명의 롬브로소적인 형식은 곧바로 결점을 노출할 수밖에 없었다. 왜냐하면 범죄성은 이[齒]나 귀[耳]와 같은 타고난 용모에 각인되어 있다는 생물학적 설명의 그러한 형식은 과학적인 분석을 통해 해명되기도 전에 이미 다양한 경험적 관찰들로 쉽게 그 결점을 드러내었기 때문이다. 가령 한나 아렌트는 천치와도 같은 무심함을 보여준 예루살렘의 아이히만에게서 '악의 평범성'을 발견함으로써 범죄자는 특이한 용모를 갖게 마련이라는 근대의 범죄학적 가정에 대한 강력한 반증 하나를 보태었다. 그리고 수십 년 뒤에 스탠리 밀그램은 평범한 사람들이 권위를 갖는다고 가정된 인물에 복종함으로써 자신과 아무런 이해관계도 없는 사람을 전기로 죽이게 될 것이라는 점을 증명하는 끔찍한 실험을 보여주었다. 우리 사회는 최근에야 비로소 사람 좋아 보이는 강호순과 같은 살인자들을 통해 그러한 용모와 범죄의 무관함을 실질적으로 확인하였다.

모든 인간은 죄의 유혹에 빠질 가능성으로서의 원죄를 지닌다는 오래된 종교적 확신이 오히려 사실에 더 가까운 것인지도 모른다. 그런데 소위 이웃집 살인마들이 저지른 잔혹한 범죄의 전모가 밝혀지는 과정은 우리에게 훨씬 더 중요한 사실을 상기시키는데, 희생자에 대한 증오와 세상을 없애고 싶다는 열망이 살인의 필수적인 요건은 아니라는 점이 바로 그것이다. 여기서 (짐작컨대) 특별한 의도 없이 희생자와 세상에 가해진 해악은 자유의지로 구조화된 자기규제의 원리에 기초해 책임을 묻는 근대적 법률의 구속력을 슬쩍 벗어난다. 말하자면 도덕적 의미를 구성하는 의도가 부재함으로써 범죄적 성격이 약화되는 것이고, 결국 동기나 의도 없는 범죄자들은 근대적 관용의 문화 안에서 범죄자가 아니라 이른바 사이코패스(psychopath)로 간주되어 법적 처벌의 대상이 아니라 심리치료의 대상이 된다. 그런 점에서 아이히만은 사이코패스의 공식적인 조상이라고 할 수 있다. 그러나 동기 없는 살인이 정말 존재할까?

솔직히 잘 모르겠다. 그렇지만 한 가지 확실한 것은 그것이 이제는 현상에 대한 설명이 아니라 범죄의 구실이 되고 있다는 점이다. 실제로 근래 언론을 통해 성범죄자들이 관대한 처벌을 받아내려는 의도와 목적을 가지고 자신의 행동이 충동적이고 우발적인 행위였다는 것을 뻔뻔스럽게 강변한다는 사실을 알게 되었다. 그런데 더욱 놀라운 것은 대학 인텔리겐치아로부터 흘러나온 이념들이 그러한 행태를 뒷받침한다는 사실인데, 예컨대 좌파나 우파를 막론하고 자유주의적 인권 옹호론자들은 사회적 환경이 범죄자들의 마음을 거치지 않고 곧바로 행동으로 연결되기라도 하는 것처럼 범죄 그 자체보다는 범죄를 둘러싼 불만스러운 환경을 부각시킴으로써 범죄자에게 핑계거리를 제공하고 있다. 그런가 하면 오늘날 다시 주목받고 있는 생물학적 범죄 이론가들은 진화 생물학을 범죄 행위에 적용하며 롬브로소의 용모 대신 도킨슨의 유전자에 범죄성의 터전을 마련함으로써 과거와는 다르게 범죄자들의 변명에 과학적 토대까지 선물하고 있다.

자기충족적인 유희를 위한 범죄라고 할지라도 어떤 범죄자에게 최소한의 동기나 의도가 없을 수는 없는 것이 아닐까? 원한의 동기가 아니라면 적어도 쾌락의 동기라도 있을 것이다. 사이코패스의 문제는 동기의 부재가 아니라 어쩌면 다른 곳에서 원인을 찾아야 할지도 모른다. 사실 범죄 심리학자나 정신병리학자들은 만일 사이코패스에게 동기나 목적이 부재한다면 범죄는 도저히 일어날 수 없었을 것이라는 점을 인정한다. 그들은 연쇄살인과 같은 끔찍한 범죄가 가능한 이유는 오히려 타인의 고통에 공감하는 능력의 부재에 있다고 공통적으로 지적하는데, 이것은 통상 잔혹한 범죄행위가 특정한 개인의 병리일 뿐만 아니라 도시적 황무지로 인해 왜곡된 현대인들의 병리라는 언급 속에서 사이코패스를 소시오패스로 일반화하는 주장으로까지 확대된다. 자신들의 짜증과 앙심을 불특정다수에 대한 공격으로 표출하는 사람들에 대비해 우리 사회 곳곳에 CCTV를 설치하게 된 일이 우연의 일치라고만은 생각하지 않는다.

우리는 그러한 도시적 황무지를 텔레비전이나 인터넷 등의 전자매체가 지닌 '원격 현전성'의 특성을 바탕으로 한 시각장으로 특징지을 수도 있다. 실제로 폴 비릴리오는 현대적 매체의 망원경적 시각이 수반하는 과도한 의사소통 과정이 화상 이미지 앞에서 망각적인 태만과 더불어 감정이입 능력의 상실이라는 문제를 발생시

켰다고 말한다. 더욱이 그는 그러한 망원경적 지각의 폐해는 다양한 예술의 영역에서도 예외 없이 관찰된다며 일종의 예술적 묵시록을 펼쳐 보인다. 물론 비릴리오의 견해는 우리 시대의 문학과 예술에 대한 지배적인 정설과 충돌하는 것처럼 보인다. 그 정설에 따르면, 문학과 예술은 감정이입 능력을 발휘하고 타인들의 경험에 들어가 보려는 상상력을 통해 세상과 현실의 복잡성을 파악하며 도덕적 모호성을 제거하는 역할을 충실히 수행해 왔다. 영국의 위대한 전통을 이루고 있는 소설가 조지 엘리엇은 "예술이 사람의 공감을 확대하지 않는다면 도덕적으로 아무런 일도 하지 않는 것"이라고 그 점을 요약했다.

그런데 2000년대 이후 우리 사회에 새로이 등장한 젊은 소설가들의 작품들을 일별해 보면서, 문학과 예술이란 그 자체로 치료요법이 될 수 있다고 주장하지만 불행하게도 어떤 병리의 징후가 되어 가고 있다는 비릴리오적 판단에 동의하지 않을 수 없다. 아니, 그들의 (몇몇) 소설작품은 사회병리의 징후라는 것은 말할 것도 없고, 심지어 그 병리의 원인이 되고 있는 것은 아닌가 하는 생각마저 든다. 물론 우리의 젊은 소설가들은 문학이란 인간의 마음과 행동을 깊이 탐사하는 영역이자 드러나지 않은 삶의 가치를 조명하고 평가하는 공간이라는 것을 수긍하는 듯하다. 그리고 특별히 루저(loser)라는 말로 지칭되는 사람들을 패배자로 간주해온 사회적 편견에도 과감히 도전하고 있는 것 같다. 그러나 그들은 사회적 패배자들에 대한 문학적 감정이입을 구실로 실제로는 자신들을 둘러싼 현실을 진실하게 포착하려는 그 공감의 참된 목적을 거의 망각한 상태로 보인다. 개인적이고 사회적인 우수성을 조롱하고 파괴하는 것만이 훌륭한 감수성과 선의의 증거가 되는 우리의 지적이고 도덕적인 환경을 감안한다면, 그렇게 놀랄 만한 일은 아니다.

정말이지 오늘의 한국문학은 (특히 역량 있는) 젊은 소설가들을 통해 현실의 긴장과 불안에 대해 망상적인 해법을 뜬금없이 제공하는 감정이입 능력의 상실을 그처럼 자부심의 원천으로까지 끌어올리고 있다. 내가 아는 한, 그러한 상실을 나타내는 대표적인 사례는 박민규의 『카스테라』(2005)이다. 지난 2003년 장편소설 두 편으로 두 개의 문학상을 연달아 수상하며 화려하게 등단한 후 박민규가 2년 만에 펴냈던 그 소설집은 지금까지도 쇄를 거듭하며 꾸준한 판매고를 기록하고 있는데, 만일 작가 박민규가 자신의 빛나는 재능을 바친 그 책에서 올바르지 않았다면, 도대체 무엇이 그를 대중의 사랑을 받는 작가로 만들었을까? 아마도 문학적 지식인들의 열렬한 비평적 주목과 상찬이 결정적인 역할을 하지 않았을까 생각한다. 실제로 "2000년대 한국 문단이 가장 사랑한 문학계의 총아"와 같은 허울 좋은 문구가 박힌 그들의 비평적 광고판은 건전한 현실감각을 지닌 많은 사람들의 시선에서조차 박민규의 소설이 빤히 드러내고 있던 문제를 숨겨버리는 차단막이 되었다. 그 문제는 사실 타인들이 살아가는 현실을 (작가가 지지하는) 소설의 등장인물들이 다루는 방식에서 명백하다.

> 말하던 대로, 차례차례였다. 나는 학교를 집어넣고, 동사무소를 집어넣고, 신문사와 오락실과 7개의 대기업과, 5명의 경찰간부와, 낙도초등학교의 어린이들과, 경기고속 소속의 좌석버스와, 지하철 2호선과, 5종의 삼각김밥과, 11명의 방송국 PD와, 51개의 벤처기업과, 2명의 영화감독과, 3명의 소설가와, 192명의 공장장과, 5명의 회사원과, 31명의 수입업자와, 2명의 성형외과의사와, 3명의 댄스가수와, 두 사람의 취객과, 1마리의 비둘기와, 3명의 사채업자와, 2명의 프로레슬러와, 1명의 병아리 감별사와, 180만 명의 실직자와, 36만 명의 노숙자와, 67명의 국회위원과 대통령을 집어넣었다.

(……)

> 물론 그 후에도 참으로 많은 것들이 냉장고 속으로 들어갔다. 그 중 결정적이었던 것은, 〈미국〉을 집어넣은 것이다. 어떤 이유인지 정확한 기억은 사라졌지만, 아무튼 크리스마스를 전후해서였다. 신문을 보다가 엉겁결에 물을 열고, 넣고, 닫은 것이다. 믿기지 않지만, 그러나 〈미국〉이 들어오자 냉장고 속은 일약 하나의 〈국제사회〉가 되어버렸다.

표제작 「카스테라」에 나오는 결정적 에피소드의 일부인데, 냉장고 속에는 이미 '아버지'와 '어머니'가 들어갔고, '학교'와 '미국' 다음에는 '중국'마저 그 속에 들어갈 것이다. 이게 어떻게 가능하냐고? 작가에 따르면 "코끼리를 냉장고에 넣는 법"만 알면 되는데, 말하자면 감정이입을 통해 현실을 파악하려는 노력은 냉장고를 열고, 넣고, 닫으면 된다는 자기만족적인 현실파악으로 대체되어 있다. 감정이입에는 현실을 관찰하는 것뿐만 아니라 자기가 그 현실에게 관찰당하는 것을 관찰하는 자신에 대한 공감을 포함한다. 하지만 그 공감을 다시금 현실에 투영하지 않을 때, 그 현실을 정확하게 포착하려는 감정이입의 노력은 실패로 귀결된다. 본문을 관찰하고 이해를 형성한 다음 또다시 그 이해를 본문에 조회하는 재귀적인 과정을 되풀이하지 않는다면, 결코 본문의 진실에 도달하지 못한다는 '해석학적 순환'의 개념을 떠올려 보라! 작가의 냉장고 속 현실이 숫자와 직종 등으로 환원된 단순하고 제멋대로의 현실이 되어 있는 것은 지극히 당연하다.

기존의 논의에 따르면, 박민규의 냉장고는 소중한 것은 많지 않고 거의 해악으로만 점철된 부패한 현실과 투쟁하기로 결심한 작가 자신의 문학적 내면에 대한 은유이자 상징이다. 물론 우리는 안다. 작가가 불만과 푸념과 불쾌감으로 가득 찬 자신의 내면과 마찬가지로 견디기 어려운 소음으로 현실 속 애물단지로 간주된 냉장고가 사실 그 역사를 통해 "부패와의 투쟁"을 줄기차게 보여주었기 때문에 "강한 발언권"을 갖는다는 점을 이해하고, 마침내 그 "어둡고 은밀하고 서늘한 냉장의 세계"에 대한 애호를 통해 자기연민과 결합된 수치심을 자기정당화와 결합된 양심으로 슬며시 뒤집는 '환상적인' 기교를 보여주리라는 것을. 실제로 박민규는 자신의 냉장고를 부패로 썩어가는 더러운 현실에 맞서 투쟁에 나서는 실존주의적 영웅으로 묘사한다. 그런가 하면 전생이 '훌리건'이었던 냉장고는 "열을 식힐 줄 아는 지혜"를 배웠다며 "모든 인간들을/ 따뜻하게 대해줘야지"라고 속삭이며 눈물 흘리는 휴머니스트이기도 하다. 그렇다, 「카스테라」는 박민규의 작가적 출사표인지도 모른다. 마땅히 한 작가의 탄생을 축하해야 하리라!

그렇지만 좀 뻔뻔스럽게 가족에 대한 책임을 공유하잔다고 해서 아버지를 냉장고에 집어넣거나 좀 극성스럽게 성적표를 가지고 잔소리를 한다고 어머니를 냉장고에 넣는 훌리건적인 대처법이야말로 "분명한 세상의 해악"이다. 사실 작가가 코끼리를 냉장고에 넣는 식으로 현실을 처리하는 방식은 소설로부터 온 맹목의 어둡고 은밀하고 차가운 기념비가 된다. 왜냐하면 그의 소설은 불만과 좌절이 인간이 바라는 것과 현실이 제공하는 것 사이의 불가피한 간극에서 발생하는 것임에도 불구하고 악의와 오해로부터 생겨난다는 점을 노골적으로 피력하고 있기 때문이다. 작가는 누군가 보기 싫은 장면에서 눈을 돌리듯 항구적인 어려움을 조건으로 할 수밖에 없는 현실로부터 자신의 시선을 거두어가려고 애쓴다. 다시 말해 박민규의 (그런 게 있는지는 모르겠지만) 현실파악은 자신을 짜증나게 하거나 불쾌하게 만드는 제약과 금지만 사라진다면 인생이 아주 "따뜻하고 부드러운" 안락을 제공할 것이라는 유토피아적 관념과 결합함으로써 현실의 어려움에 대한 기만적이고 재앙적인 해법에 이끌린다.

석현아. 통화를 끝내고 나자 기하 형이 말문을 열었다. 예. 기하 형은 의외로 초연한 얼굴이었다. 올라가라. 아니 그러면…… 이란 말이 절로 나왔지만, 그 말의 끝을 나는 맺을 수 없었다. 아니 오히려 내가 미안하다. 애초 부탁을 하는 게 아니었어. 내일 아침이면 경찰도 오고 할 테니 걱정 말고 올라가거라. 이미 열시를 넘긴 시각이기도 해서, 나는 일단 이불을 깔았다. 내일 아침에 가는 한이 있어도, 지금 일어서는 건 도리가 아니란 생각이 들어서였다. 마음이 복잡했다. 달은 밝고, 달빛에 잠긴 기하 형의 얼굴이 이상할 정도로 평온해 보여 나는 견딜 수 없었다. 형…… 괜찮으세요? 〈십칠 년 전의 여학생〉 같은 것이, 그래서 내 입을 빌려 얘기했다. 십칠 년 전과 하나 다름없는 목소리가, 그래서 어둠을 건너왔다. 괜찮을 리가 있겠니. 이제…… 어쩌실 생각이세요?

모르겠다.

(……)

기하 형이 격하게 내 몸을 흔들었다. 방 전체가 환하고 눈부셨지만, 햇살과 같은 느낌은 절대 아니었다. 정신을 차리고 안경을 찾아 쓰니, 창을 통해 거대한 발광체의 일부가 엿보였다. 원반이었다. 길고 완만한 기체(機體)가 정말로 눈앞에 떠 있었다. 우리는 숨을 죽였다. 원반은 한참을 그렇게 머물러 있다가 점점 이동을 시작했다. 우웅우웅. 이번엔 하나가 아니었다. 무려 일곱 대의 원반이 멀리 논 위의 상공으로 한꺼번에 모여들었다.

이 대목은 「코리언 스텐더즈」의 클라이맥스인데, 후배는 과거 운동권에 함께 있었던 선배의 요청으로 어느 날 그를 찾는다. 그동안 선배는 세상이 변해 모두가 정치인이나 학원 강사로 살 길을 모색하는 와중에도 이번엔 농촌을 살려야 한다며 일종의 공동체를 운영해 왔다. 그런데 후배가 찾았을 즈음엔 연수생 대부분이 그곳을 떠났을 뿐만 아니라, 선배는 소위 "한국사회의 문제점" 때문에 온갖 좌절들을 떠안은 상태였다. 하지만 찾아온 후배에게 별안간 "외계인의 습격"까지 받고 있다고 고백하면서도 선배는 시종일관 "초연한 얼굴"을 하고 있다. 그러다가 마침내 후배는 선배와 함께 "거대한 발광체"의 무리를 목격하게 된다. 말이 되냐고? 분명 '현실성' 없는 허구지만, 현실적 어려움에 대한 작가의 해법에 따르면 "이상할 정도로" 개연성이 충분한 우화로 읽힌다. 이 우화의 교훈은 명백하다. 이미 "인간은 서로에게, 누구나

외계인"이니까 놀라지 말고 후배처럼 선배와 함께 망상의 나래를 펼치는 것이 옳다는 것이다. 그러나 현실에 대한 감정이입의 상실로부터 오는 정신적이고 물질적인 파탄의 결과를 그 선배보다 더 잘 보여주는 경우는 없다.

사실상 유심론적 괴짜의 책인 『카스테라』는 외견상의 다채로움에 불구하고 현실의 어려움에 대한 해법에서 '의외로' 일관성을 가진다. 대체로 두 가지 단계를 그 해법의 "한국적 표준"으로 제시하는데, 먼저 현실에 대한 거친 단정의 절차가 선행한다. 예컨대 "세상은 엉망이다", "인류의 몽따주는 얼마나 슬픈 것인가", "아무튼 이 나라는 고장이다", "인간이란 별게 아니란 생각이 그때 들었다" 등등. 단정적인 문구를 통해 현실을 추상화하는 이 그저 그런 (작가의 용어로는) '일반론적인' 아포리즘들에서 공통점은 무엇인가? 자기의 관점 말고는 타인의 관점을 파악할 능력이 없다는 것, 즉 상상력의 결여다. 대신에 결여된 상상력은 현실을 무시하는 터무니없는 망상으로 보충된다. 이것이 두 번째 절차인데, 가령 '너구리' 인간에 대한 게임중독형 망상, 하늘 위 "개복치 여관"에 대한 뜬구름형 망상, 유원지에 착륙한 "오리배 세계시민연합"에 대한 논다니형 망상, 그리고 거대한

KS표시로 강림한 "외계인"에 대한 쇼핑중독형 망상 등이 있다. 여기서는 공상에 대한 낭만적 숭배에 따르는 한 줌도 안 되는 현실성조차 현실을 무시하는 '상념'으로 대체되고 만다.

물론 "우주는 하나의 사유(思惟)입니다"를 "무엇보다 〈상식〉"이라고 생각하는 작가가 "세상의 〈관점〉을 나는 이해할 수 없었다"고 고백하는 것만큼은 진실을 가리킨다. 도대체 무엇이 그토록 작가로 하여금 망상에 탐닉하도록 만들었을까? 한마디로 금지를 금지함으로써 모든 욕망의 즉각적인 충족을 달성하려는 그의 불굴의 이기심이 원인인데, 말하자면 현실을 제거하면 모든 일이 잘 될 거라는 허무맹랑한 자기신뢰가 그것이다. 실제로 박민규에게 중요한 것은 "한 인간의 좋은 기분"으로 수렴되는 "〈즐거움의 문제〉"로 나타난다. 의심의 여지 없이, 작가는 현실이라는 것이 어려움의 근절과 함께 '좋은 기분'을 가져다 줄 거라는 관념, 즉 만일 '즐거움'에 대한 장애물이 제거된다면 인류는 쉽게 즐거워질 거라는 속류 유토피아주의에 동조하고 있는 것으로 보인다. 더 나쁜 것은, 현실의 제약에서 오는 작가의 불만이 자기연민과 경쟁하는 자기정당화와 결합함으로써 아주 공격적인 양상으로 이어지는 데 있다. 「헤드락」에 나오는 '습격'에 고무된 이기적 '쾌감'이 그 징후인데, 현실과 타협할 때와 그것에 저항해야 할 때를 아는 것은 성숙함을 필요로 하는 일이다.

성인식이 필요한 사람들로는 또 다른 작가 김애란의 인물들 대다수도 포함되는데, 특히 그녀가 두 번째로 출간했던 소설집 『침이 고인다』(2007)는 겉보기와는 달리 박민규의 경향과 가장 근접한 작가적 면모를 드러내고 있다는 점에서 주목된다. 그런데 거듭된 포상과 더불어 그 책이 2009년까지 12쇄 가까이 발행된 것을 보면, 그 소설집에 주목한 것은 나만이 아니었던 모양이다. 하지만 문제는 주목의 이유가 완전히 다르다는 데 있다. 사실 김애란도 그동안 약점보다는 강점이 강조된 긍정적인 평가를 받았다. 유머러스한 문체와 잘 짜인 서사적 이미지 등을 바탕으로 세련된 기교를 보여주었다는 점에서 그러한 평가는 어쩌면 정당한 것인지도 모른다. 그러나 기법이 문학적인 결함을 완벽하게 보충하지는 못한다. 아니, 오히려 결함을 밀어낸 기법으로 인해 독자들에게 논란 없이 받아들여질 가능성이 높다는 점에서, 노골적인 박민규의 소설보다 세련된 김애란의 소설은 훨씬 더 치명적일지 모른다. 눈을 더 크게 떠야 하는 이유이다.

모든 게 거짓말 같고 또 정말인 것 같았다. 그녀는 후배의 존재가 허구처럼 느껴졌다. 나를 속이려고 하는 걸까. 후배의 집에 있는 거짓말 창고엔, 유통 기한이 지난 인삼껌이 백 통도 넘게 쌓여 있는 게 아닐까? 그런데 요새도 시중에 인삼껌이 나오던가? 중요한 것은 그것이 사실이냐 아니냐를 떠나, 후배의 이야기가 그녀의 마음을 '움직이고' 있다는 데 있었다. 그녀는 몇 번이나 사양하다, 결국 껌 반쪽을 건네받을 수밖에 없었다. 그녀는 껌 조각을 화장대 위 영수증 보관함에 넣어두었다. 껌 같은 거, 후배가 나가기 전에만 돌려주면 되는 거니까. 어쨌든 그 모든 것과 상관없이 그녀는 그날 밤, 후배가 마지막으로 했던 말을 잊지 못한다. 어쩌면 그 한마디 때문에 후배와 살게 된 건지도 몰랐다. 후배는 아름다운 목소리로 말했다. 그날 이후로 사라진 어머니를 생각하거나, 깊이 사랑했던 사람들도 헤어져야 했을 때는 말이에요. 껌 반쪽을 강요당한 그녀가 힘없이 대꾸했다. 응. 떠나가며 가슴이 뻐근하게 메었던, 참혹한 시간들을 떠올려볼 때면 말이에요. 응. 후배가 한없이 투명한 표정으로 말했다.

"지금도 입에 침이 고여요."

이 장면은 표제작 「침이 고인다」의 일부인데, 학원 강사로 힘겹게 사는 선배는 "껌 한 통"을 주고 자신을 버린 어머니에 대한 불행한 기억으로 조건화된 단물의 위로를 통해 “참혹한 시간들”을 어려움 없이 넘어간다는 후배의 주술에 걸려든다. 그리고 잠시 함께 살기로 결정한다. 그러나 선배는 후배의 파블로프적 마법의 세계에서 잠시가 아니라 영원히 살게 될 것인데, 그녀는 얼마 후 후배를 내보내게 됨에도 불구하고 후배가 나누어 준 껌 반쪽을 무심코 씹으며 결국 그 손쉬운 자기위안에 사로잡히기 때문이다. 여기서 저작의 달착지근한 자기위안이 지닌 의미는 명백하다. 자기위안은 행동의 근거를 알려주는 현실에 대한 올바른 직시 대신 자기 자신을 향한 공감에만 탐닉하는 행위라는 점에서, 그것은 말할 것도 없이 현실의 어려움으로부터의 도피를 가리킨다. 그런데 이보다 더 흥미로운 것은 그러한 현실대응에서 박민규가 제시한 ‘한국적 표준’과는 다른 새로운 한국적 표준이 제시된다는 점인데, 김애란의 경우는 선배가 후배를 모방한다. 만일 이것이 남성과 여성의 차이라고 말한다면, 지나치게 성차별적인 발언일까?

아마도 그럴 것이다. 하지만 자기만족을 기초로 (선배를 따르며) 타인에 대해 공격성을 표출하는 박민규와 비교해 볼 때, 사실상 김애란은 자기위안을 근거로 (후배를 감싸며) 자신을 보호하려는 방어적 성격이 강하다. 간단히 말해 그녀는 남성적 정의보다는 여성적 미화를 선호하는 셈인데, 실제로 「침이 고인다」는 현실을 '허구'로 대체해버리는 것을 무엇보다 '아름다운' 일로 만들고 있다. 이 때문인지는 모르겠지만, 평론가들은 종종 그녀의 소설이 어려운 현실로부터 도망가는 행위가 아니라 오히려 그 현실에 대한 초연함을 통해 불행한 의식을 떨쳐버리는 미적 존재론을 보여준다고 주장한다. 다시 말해 그들은 흔히 그래 왔듯이 집요한 방식으로 사회와 반목하는 특정한 개인에게서 자율적 자아의 가능성을 탐색하고 있는 것인데, 물론 일반적인 사회의 시각보다는 구체적인 개인의 시각으로 세상을 볼 수 있도록 초대하는 것은 상상력이 풍부한 문학의 주요기능 중 하나임이 틀림없다. 그런 의미에서 현실에 대한 감정을 제거한 후배의 "한없이 투명한 표정"은 악의를 선의로 무안하게 만드는 윤리적 감수성의 상징적인 증거라는 것이 맞는 말일지도 모른다.

하지만 개인의 자율성에 대한 심미적 정당화에서 두드러지는 것은 윤리성이라기보다는 미학이 현실감각을 찬탈하려는 경향이다. 후배의 주술에 걸리기 전까지, 선배는 감기에 걸리면서도 학원 강사라는 자신의 직분에 대체로 충실하다. 비록 전적으로 만족스러운 삶은 아니었다 할지라도, 인생이란 다른 사람이 생각하는 것과 자기가 생각하는 것 사이의 타협점을 발견해 가는 것이라는 진실을 그녀는 안다. 반면에 후배는 선배의 호의를 입은 이후에도 이불에다 '생리혈'을 묻히는 등 "작은 실수들"을 범하면서도 거의 무신경하다. 만약 현실을 알고 자신이 교제하는 사람의 마음과 생각 속으로 들어가 보는 일이 가능했다면, 그녀는 사회보다 개인이 우월하다는 교설이 거짓임을 깨닫고 보헤미안적 방종의 삶으로 곧바로 내몰리지 않아도 되었을 것이다. 그런데 작가는 소설의 결말을 통해 그러한 자명한 사실을 반어적으로 왜곡함으로써 심지어 후배의 거짓에 선배의 진실을 능가하는 낭만적 깊이마저 부여한다. 사회적 실존을 외면하는 이른바 "도도한 생활"의 유혹이 모든 사람들에게 개방된 셈이다.

바람이 불자 전봇대에 붙은 전단지들이 일제히 팔랑거렸다. 방 있습니다. 전/월세. 풀 옵션. 바람에 나부끼는 전화번호들. 주인 없는 숫자들이 도시 위로 풀씨처럼 날아갔다. 동생은 꽤 비싼 가격이 적혀 있는 전단지를 내밀며 장난치듯 말했다.

"우리 이 집 한번 가볼까? 계약 안 한다고 생각하고, 그냥 이 정도 가격의 집은 어떤지 구경해보자."

그들은 그날 돌아본 방 중 가장 비싼 방을 보러 갔다. 정말 참고나 할 생각이었다. 하지만 문을 열고 햇빛이 쏟아지는 탁 트인 원룸 안에 발을 디딘 순간, 두 사람은 자신들도 모르게 깨닫고 말았다. 자신들이 살고 싶던 방은, 원래 이런 곳이었다고. 그들은 결국 그 집으로 이사를 했다. 월세 부담이 컸지만 한 번쯤 '무리'라는 걸 모른 척하며 살아 보고 싶었다. 그것이 영화관이나 놀이 공원처럼 잠깐 돈을 주고 살 수 있는 환상이라 하더라도, 이제 분수껏 사는 일은 지겨워져 버렸다고 떼를 쓰고 싶었는지도 몰랐다. 사내는 이사 후 한 달 동안 동생과 새 집의 장점에 대해 말하며 보냈다. 신발장이 따로 있으니 번잡하지 않아 좋다, 욕실 바닥이 아가씨 얼굴처럼 참 깨끗하다, 가스레인지 위에 환풍기도 있네. 사내는 이 방에서 사는 날도 얼마 남지 않았다는 것을 알고 있다. 내년에 동생이 결혼하면 보증금을 나눠줄 생각이다. 사내는 다시 몇 년 전의 방으로 돌아가야 할지 모른다.

김애란의 「성탄특선」에 나오는 다양한 에피소드들 중 하나이다. 그렇지만 이 소설의 내용은 아주 단순한데, "서울살이 10여 년"에 이른 한 사내와 그의 여동생이 보내게 된 어느 크리스마스 날 이야기이다. 여동생과 함께 사는 사내는 마음놓고 섹스를 나눌 방을 가지지 못해 애인이 떠났다고 생각하며 크리스마스를 혼자 보낸다. 그리고 심심해하며 데이트를 하러 나간 동생에게 "짓궂은 문자 메시지”를 (나무라기보다는 격려하기 위해) 연신 날린다. 그런가 하면 여동생은 매년 이런저런 일로 크리스마스 섹스를 미루어 오다 비로소 애인과 함께하게 된다. 하지만 온갖 노력 끝에 구한 “허름한 여인숙”에서 (새침해서가 아니라 그곳이 후지다는 이유로) 섹스도 나누지 않고 그냥 나오고 만다. “분수껏 사는 일” 대신 ‘월세’로 ‘비싼 방’을 얻은 일이 충분히 이해가 된다고? 물론 이해가 된다. 하지만 나의 이해는 “햇빛이 쏟아지는 탁 트인 원룸”에 대한 사내와 여동생의 ‘도도한’ 선택이 아니라 그들의 즉흥성과 허영심이 야기하고 있는 것이 뻔한 ‘성탄특선’처럼 ‘빤한’ 인생에 대한 것이다. 이것은 낭만주의의 에피고넨들이 받아들이기에는 특히 어려운 교훈일지 모른다.

실제로 『침이 고인다』라는 책은 피아노를 앞에 두고 “체르니를 배우고 싶기보단 체르니라는 말이 갖고 싶었다”는 딸의 허영심과 빚더미를 뒤에 두고 “오토바이 ‘쇼바’를 잔뜩 올린 채 도로를 달리며 울고 있었다”는 아빠의 즉흥성으로 구조화된 삶의 파편들을 ‘플라이데이터리코더’로 아름답게 치환한다. 우리는 그 ‘블랙박스’ 안에서 아이를 남긴 채 “화재가 난 여관방에서 벌거벗은 사내와 함께” “타다 만” 엄마와 가족 채무의 원인이 되어 있는 "찬성만 하고 아무 신경도 안 쓰는" "좀 난감한" 아빠를 추가로 발견하게 되는데, 사실 "순간을 사는" 삶이라는 작가의 헌사는 좀 난감한 연민으로 충만해 있다. 왜냐하면 무책임하고 불쾌한 경박함이 연민으로 미화되면서 그러한 삶에 모종의 가치를 부여하는 구실이 되고 있기 때문이다. 작가는 속되고 자기중심적이며 절제가 부족한 세계를 뭔가 미학적으로 심오하고 의미심장한 것처럼 다루면서 현재와 순간만으로 제한된 (작가의 말로는 "유통 기한이 정해진") 삶을 정당화하고 있는 것이 분명하다. 어느 순간 그녀의 주동인물들은 개인적인 실패를 사회적인 실패로 간주하는 감정이입의 실패를 통해 드디어 사회가 "나쁘다" 하고 중얼거리기에 이른다.

그런데 가령 (셰익스피어의 현명한 퀴클리 주모를 닮은) 여인숙 여주인이 섹스를 위해 찾아온 연인에게 방을 내주며 "술은 무슨 술. 가만 보면 여기 와서 술, 담배 하는 애들치고 돈 모아서 나가는 애들 못"봤다고 말한 일은 정말로 나쁜 것일까? 그럴 리가, 나쁘다기보다는 오히려 정확한 진실을 담고 있다. '나쁘다'의 자기기만은 작가 특유의 유머러스한 왜곡을 통해 완전히 은폐된 것처럼 보이지만, 그것에 자기이상화의 요소가 있다는 지적을 피해갈 수는 없다. 그리고 자기이상화에 자기연민의 요소가 따라다닌다고 말하면 좀 더 뜨끔한 비판이 될 것이다. 박민규와는 반대로 "지나가는" 삶에 대한 루저들의 그러한 자기연민은 "순간을 사는" 자신들의 삶에 대한 철없는 이상화 앞에 놓이는 셈인데, 이것은 불길하게도 자기연민에 빠진 사람들이 큰 상처를 준 현실을 치료하고자 하는 음모, 즉 일종의 프로이트적 반동형성을 결행할 가능성을 높인다. 무엇보다도 「칼자국」에 나오는 "신랄하고 우아한 빛"으로 미화된 엄마의 칼이 숨긴 메스적 성격은 그 징후로 보이는데, 여기서 김애란의 자기연민은 "우주의 윤리"이기는커녕 사이코패스의 전의식이 된다.

물론 김애란의 『침이 고인다』는 감정이입 능력의 상실을 통해 자신의 비참함의 원인을 타인과 사회의 탓으로 돌리는 것을 고무함으로써 자기반성을 좌절시키고 인간성에 재앙적인 결과를 가져오게 되는 마지막 소설이 아니다. 그녀의 소설을 좀 더 최근에 나온 다른 소설들과 비교해 보면, 문학적 재앙에 대한 나의 우려 섞인 혹평이 지나친 것이 아니었음을 확인할 수 있다. 예를 들어 구경미는 『게으름을 죽여라』(2009)를 통해 자아에 대한 낭만적 정당화를 급진화함으로써 자신의 소설들을 아예 사이코패스 매트릭스(matrix)로 만든다. 이 과정은 대개 이렇게 전개된다. 우선 '진정한 나'라는 루소적 교리로부터 출발한다. '나'는 현상적인 나와는 무관하기 때문에, 사장을 테러하고 여자를 희롱하며 나이프를 들고 마트를 털고 거짓말을 밥 먹듯 해도 '나'와는 상관이 없다. 오히려 그 '나'는 그런 미친 행동들에 의해 손상되지 않는 순결한 자아로 등극하는데, 이때 '나'는 무슨 일을 하든지 자존감의 유지가 가능하다. 마침내 「게으름을 죽여라」라는 표제작에서는 게으른 자들이 그런 자아들의 영웅으로 격상된다.

이것은 사실 포스트모더니스트들의 손쉬운 아이러니를 닮아 있는데, 우리에게는 진지하게 맞붙어 싸워야 하는 난센스에 지나지 않는다. 누군가의 행동이 조금이라도 어떤 도덕적 의미를 갖게 되려면, 현상적인 자아가 진정한 자아를 따라 행동하고 있다는 것이 타인들에 의해 보증되어야 한다는 것은 의심할 여지가 없다. 그런데 구경미는 타인의 보증 따위에는 아랑곳하지 않겠다는 심리적 경향에 대한 지지와 동조를 거침없이 표명한다. 이러한 난센스는 가령 「은자와 함께」의 경우 영은의 애인 동호에 대한 지지와 동조에서 전형적이다. 어쨌거나 그녀의 소설들은 문장과 서사에서뿐만 아니라 그것들이 선전하려는 관념에서도 매우 피상적인 작품들로 보인다. 특히 작가의 조잡한 아이러니는 『침이 고인다』와 도 비교되는데, 미묘함이 없다는 점에서 그녀의 아이러니는 분명히 서툰 것이다. 그러나 김애란과 구경미의 관계는 오히려 싱거운 맥주와 독한 위스키의 관계와 같다. 왜냐하면 구경미는 '개인의 진정성'이 도덕적 삶이나 사회적 실존을 면제해 준다는 급진적이 된 낭만주의적 신념을 주저 없이 피력하고 있기 때문이다.

결국 치명적인 폭탄주는 만들어질 것이다. 자기탐닉을 통해 스스로를 폭력적인 반격의 수단으로 간주하는 사이코패스의 소설은 (기우이길 바라지만) 구경미로 끝나지 않을 것이다. 현실이 항상 옳지만은 않다는 사실을 안다. 하지만 그 현실의 한계가 작가들의 말처럼 현실 그 자체를 완전히 무가치하게 만든다고 생각하지는 않는다. 뛰어난 작가들은 자아라는 데카르트적 원리에서 현실을 유추하는 대신 감정이입 능력의 발휘를 통해 개인과 사회의 합당한 조화를 모색하는 현실적인 지혜를 모색하는 법이다. 그리고 이것이 이른바 '문학적 깊이'를 만들어낸다. 그런데 이러한 심오함은 (현대적 문화의 가장 큰 해악 중의 하나인) 타인의 욕망에 대해서는 까다롭게 굴고 자기 자신의 욕망에 대해서는 관대한 자존감의 시대에는 아무래도 호소력을 갖기 어려운 모양이다. 그런 점에서 작가들이 대중의 호감을 얻어내려는 개인적 야심에서 어쩌면 자신들도 믿고 있지 않을지도 모르는 신념들을 전파하고 있는지도 모른다고 생각한다. 그러나 그들이 선전하는 것처럼, 현실에 대한 공격을 통해 범죄에 대한 관용을 보편적인 것으로 만든 세상이 정말 살기 좋은 세상일까?

최근의 젊은 작가들은 그런 세상에서 살고 싶은 모양이지만, 아마도 다른 사람들은 그런 세상에서 살고 싶지 않을 것이다. 적어도 나는 그런 세상에서 절대로 살고 싶지 않다. 그들은 혹시 자신만 만족할 수 있다면 세상이 붕괴되더라도 상관없다는 자신의 이기적인 모습을 대중의 주목이라는 공리주의적 결과로 슬쩍 가리고서는 어깨를 으쓱할지도 모른다.

시의 이데올로기

근래에 우리 대학의 문학 연구자들이 염상섭의 작품과 그 시대의 탐정소설과 같은 대중적 제작물들 사이에 질적인 우열이란 존재하지 않는다고 생각한다는 사실을 알게 되었다. 그들에게 차이는 사실 문학작품의 질이 아니라 이른바 사회역사적 구성에 내재하는 것으로 간주된 것인데, 그 결과 과거에는 나쁜 것으로 생각되었을 대중적인 문화가 이제는 고급문화와 동등한 것이자 심지어 더 나은 것으로 생각되고 있다. 그런가 하면 최근 교육의 담당자들은 권위와 위계를 구축하는 모든 지적이고 도덕적인 장벽을 제거한 교실을 창출하는 것을 거의 의무사항으로 받아들이고 있는 것 같다. 가령 대학 캠퍼스에서 학생들을 독려함으로써 자발적인 학습을 장려하는 전통적인 교육은 복잡한 사상 대신 단편적인 정보의 수용만을 고무하며 그들이 편안함을 느끼도록 하는 소위 '피피티 문화'로 대체된 지 이미 오래이다. 대학의 교육자들은 결국 학생들이 습득해야 할 지식을 만들어내는 일과 지식의 습득에 불편함이 없도록 고객들의 눈치를 살피는 일로 이래저래 다른 이들의 연민을 자아내는 처지가 되고 말았다.

그런데 피교육자들의 불만제로에 도전하게 된 교육자들의 한심한 처지는 사실상 자기원인적인 것이다. 차이 그 자체는 단지 구별 가능한 인지적 특징일 뿐 더 나쁜 것이나 더 나은 것이란 없다고 주장하며, 다른 사람들에게 자신들의 편견 없는 민주적 선의를 증명하기 위해 애쓰는 자유주의 지식인들이 요사이 번성하고 있는데, 불행하게도 오늘날 교육자들 대다수는 그러한 자유주의적 신원을 공유하고 있다. 그러니까 현재 지식인 교육자들이 당면한 문제는, 다른 많은 현대적 전염병과 마찬가지로, 자신들에 의해 제조되어 유포된 이념들이 외부로 흘러나가 사회 전반에 실질적인 영향력을 행사함으로써 마침내 그 자신들까지도 그 영향권 하에 놓이게 된 아이러니로부터 온다. 실제로 교육자와 피교육자 간 상호작용의 과정 전체를 장악하게 된 자유주의적 이념은 세상에 대한 상대주의적 각성과 결합되어 좋은 것과 나쁜 것, 이를테면 세련됨과 조잡함, 미묘함과 단순함, 매력과 상스러움 사이에 어떠한 차별도 없다는 것을 정당화함으로써 교육의 근간을 완전히 붕괴시키고 있다. 과장이 아니다. 교사와 학생 간의 차별조차도 있어서는 안 된다는 식이다.

물론 이것은 편견에 의한 차별이 존재한 적이 없다거나 존재하지 않는다고 말하는 것은 아니다. 그러나 다른 가치들보다 어떤 하나의 가치를 지지하여 그 우열을 식별하고자 하는 노력 없이 모든 가치들은 그저 다른 것일 뿐 동등한 의미를 갖는다며 차이를 존중하려는 자유주의 이념은 사회적 정의 못지않은 문화적 해악을 불러오게 되는데, 어떤 의미에서 그 이데올로기는 생각보다 훨씬 더 나쁜 것이다. 왜냐하면 일반적으로 수용되는 의견이나 공적인 일치로 이끌어가는 보편적 차별에 찬성하는 최소한의 편견마저 거부함으로써 세련된 문명의 관점에서 천박성을 비판할 수 있는 토대를 함께 쓸어버렸기 때문이다. 그것은 사실 무엇이든지 무의미하게 만든다. 여기서는 일단 비난받을 만한 사람이 자유주의 지식인들이라는 사실을 기억하는 것이 중요하다. 좌·우파를 막론하고, 그들은 아마도 좀더 나은 것을 알았을 것이지만, 세계에 대한 각성에 경쟁적으로 매달리며 항상 사고의 전환만을 선호했을 뿐만 아니라, 계몽적 환희를 통해 은폐된, 명성과 같은 자신들의 이념적 개발이익이 그 이념의 사회적이고 문화적인 결과들보다 더욱 중대하다고 생각했다.

그런 의미에서 대학의 지식인들에 의해 자라난 자유주의 이념이, 다니엘 벨이 이데올로기의 종언을 선언한 일은 전혀 모르는 것처럼 다양한 변종 이데올로기를 낳았던 것은 별로 이상하지 않다. 실제로 우리 사회에는 지난 1990년대에 적어도 그 경제학적 이론으로서 마르크스주의가 사망한 일과 함께, 개인적 차원에서 온갖 불만들에 대한 해답을 제공해 줄 수 있는 다양한 자유주의적 이데올로기들이 생겨났다. 물론 지식인들은 그러한 이데올로기들을 합당한 요구들을 취급하는 민주적 개혁들과 이음새 없이 깔끔하게 결합시켰는데, 예를 들어 페미니즘은 모든 인간의 문제를 가부장제의 표현으로, 파시즘 반대론은 그것을 온갖 전체주의적 시도의 결과로, 그리고 다문화주의는 그것을 모든 종류의 인종주의적 편견의 소산으로 간주함으로써 그것을 가능케 했다. 그러나 이 모든 이데올로기적 요구들은 특별히 인간 심리학의 한 가지 사실을 조명하게 되는데, 불평은 항시 그

원인에 부합하는 것은 아니면서도 본질적으로 강력한 보상을 해준다는 점이다. 다시 말해 다양한 차원의 제약을 제거함으로써 행동하는 것은 언제나 좀 더 쉽고 좀 더 즉각적인 만족을 주는 것이다.

이데올로기적 사고는 단지 마르크스주의자들에게만 한정되는 것은 아니다. 불만의 합법성을 설득하는 가운데 삶의 곤경들, 특히 저마다가 처하게 되는 곤경들을 회피할 수 있게 해주는 이념에 대한 필요성은 항구적으로 솟아난다. 말할 것도 없이 사람들이 개인적 문제들에 따라 여러 층위의 차별적 제약을 부정하는 다양한 자유주의 이데올로기들에 끌리는 이유는 분명하다. 바로 차이의 긍정을 통해 정당화된 자아 안에서 자신의 행위에 대한 개인적 책임이라는 개념을 쫓아버리려는 것이다. 그렇다면 좋은 것과 나쁜 것을 점점 구별하지 않으려는 차이 존중의 문화 안에서, 결국 모든 자기표현은 자기반성이 아니라 자기기만을 통한 방종, 나아가 진정한 이해에 대한 반대에 방불한 것이 되지 않을 수 없게 된다. 실제로 우리의 시인들도 최근 몇 년 동안 자유주의 이데올로기를 급진화하면서 정치적 정당성이라는 점잖은 장막 뒤에 숨어 자아의 정당성에 대한 감각을 자신의 명백한 특성으로 간주하며 자아표현에 대한 온갖 도덕적 제약을 소거시키는 데 동참해 왔다. 최근 간행된 김언과 신해욱의 시집도 예외는 아니다. 먼저 다소 온건한 쪽부터 살펴보자.

> 이목구비는 대부분의 시간을 제멋대로 존재하다가
> 오늘은 나를 위해 제자리로 돌아온다.
>
> 그렇지만 나는 정돈하는 법을 배운 적이 없다.
> 나는 내가 되어가고
> 나는 나를
> 좋아하고 싶어지지만
> 이런 어색한 시간 도대체 어디서 오는 것일까.
>
> 나는 점점 갓 지은 밥 냄새에 미쳐간다.
>
> 내 삶은 나보다 오래 지속될 것만 같다.
>
> —「축, 생일」 전문

신해욱의 시집 『생물성』(문학과지성사, 2009)의 서시이다. 생일을 맞은 '나'는 어색한 시간을 지나고 있다. '이목구비'로 제유되는 '나'의 정체성은 생일 이외의 시간에는 상황과 처지에 따라 재규정되면서 '제멋대로' 존재하지만 생물성의 기원이 되는 날에는 '나'의 모든 정체성들이 '정돈'되어 윤곽을 드러내는데, '나'는 이 불일치로 인해 어색함을 느낀다. 그러나 '나'의 생물성과 사회성 사이의 미묘한 어긋남에서 오는 "어색한 시간"에 대한 사유는 전혀 어색하지 않다. 왜냐하면 그런 사유는 일인칭에 관여하는 성질이 다른 종류의 정체성들을 반성해 보도록 촉구하기 때문이다. 실제로 '나'는 "몇 번씩 얼굴을 바꾸며/ 내가 속한 시간과/ 나를 벗어난 시간을/ 생각한다."(「끝나지 않은 것에 대한 생각」) 미용실에서 머리를 맡길 때(「금자의 미용실」)나 소설을 읽을 때(「호밀밭의 파수꾼」), 또는 친구를 떠올릴 때(「보고 싶은 친구에게」) "나는 180도로/ 다른 얼굴이"(「굿모닝」) 된다. 심지어 헨젤과 천사와 체조 선수, 심지어는 숫자나 인어가 되어 보기도 한다. 시인은 마침내 이런 질문을 던진다. "그런데 왜 나는 나로/ ……/ 환원될 수 없는 것일까."(「레일로드」)

일단 우리는 복수의 자아로 분열된 정체성에 대한 시인의 고민을 읽게 된다. 여기서 누군가는 당연하게도 그러한 정체성의 시학이 이상의 모더니즘 이후로 진부한 것이 되지 않았느냐는 점에 대해 논쟁할지 모른다. 그러나 신해욱의 시는 복수의 자아가 파국이 아닌 상승과 연결되어 있다는 것을 지적하며 시선의 전환을 꾀하는데,

사실상 그녀의 시들에서 정체성의 시학은 탈정체성의 정치학으로 슬쩍 모습을 바꾼다. 이것은 무엇보다도 '환원'이라는 단어의 사용에서 암시되는데, 자신의 단일한 정체성에 대한 갈망을 담은 그 말은 아이러니하게도 언어적 생경함에서 오는 부정적 뉘앙스로 인해 복수성을 승인하지 않고 배제하는 정치적 억압에 대한 강한 거부감을 숨기고 있기 때문이다. 다시 말해 '환원'이라는 말에는 개별적 자아를 '식민지'(「벨」)로 만드는 모든 정치적 압력에 작동하는 전체주의적 언어에 대한 시인의 두려움이 배어 있다. 결국 시인의 정체성이 왜 그렇게 "예측불허의/ 이야기"(「나의 길이」)가 되었는지에 대한 이유는 자명한 셈인데, 이제 시인은 '열거'되고 싶지 않다는 소망(「화이트」)을 직접적으로 드러낸다.

그것은 질서 정연한 행진이었다.

한 사람이 한 줄씩인
그 외에는 아무것도 아니고
아무것도 없는
그런 행진이었다.

그러나 나에게는 앞뒤가 있었다.

머리를 세게 흔들며
이래서는 안 된다고 생각했다.

나도 한 사람이 아닌가.

—「줄 속에서」 부분

신해욱의 시들을 관통하는 것은 말할 것도 없이 정체성에 대한 요구가 배제의 메커니즘 가운데 하나라는 정치적 고찰이며, 복수의 자아에 대한 포용은 모든 사람을 배제 없이 승인하는 공평한 삶을 구성할 것이라는 기대이다. 그러나 복수의 자아를 포용해야 한다는 요구는 정직하지 못한 자기연민의 완곡어법으로 그녀의 시에서 빈번하게 등장하는 것으로 보인다. 예를 들어 "사실을 사랑하는 사람이 되는 거야"(「굿모닝」)라는 결심을 통해 그녀는 자신이 단일한 자아로 환원되지 않는 다른 일시적인 자아들과 결합되어 많은 '이름'(「방명록」)을 갖게 되더라도 그게 뭐든 그 자아들에 '사실'로서의 자격을 부여한다. 그런가 하면 시인은 "뺄셈에 약하다"(「따로 또 같이」)는 자기특성을 긍정하는 가운데 배제의 정치학에 대한 거부감을 슬쩍 끼워 놓고는 역설적이게도 자신의 삶에서 자기정당화에 방해가 되는 모든 것들을 완전히 빼버리려 한다. 말하자면 그녀는 모든 자아의 순간들에서 '은총'과 '키스'를 받고 싶어하는 것인데, 여기서 '소수점 이하의 1인칭들'(이광호)에 대한 존중이 의도하는 것은 명백하다. 책임의 개념을 수반하게 마련인 정체성의 반대편에서 "수소를 채운 것처럼"(「지구의 끝」) 가벼워지려는 것이다. 그렇다면 "한 번에 한 사람이 된다는 건 충분히 좋은 일"(「눈 이야기」)이 아닐 수 없다.

물론 탈정체성의 정치학이 수반하는 포용의 윤리는 차이에 상대성을 부여함으로써 모든 개별적인 삶에 의미를 부여하려는 노력을 나타낸다. 그런 의미에서 이것은 어쩌면 현대인들이 사회적 네트워크 안에서 자신의 존재좌표를 상실하게 된 도시환경에 대해 일정하게 응답하고 있는지도 모른다. 그러나 자아의 순간적 변덕을 차이의 의제로 승인하려는 노력은 원자화된 개인들을 추켜세움으로써, 존재감의 회복을 목표로 한 공동체의 구축이라는 좀 더 중대한 문제는 회피한다. 누군가는 한 사람의 시인에게 말도 안 되는 요구를 하고 있다고 지적할 것이지만, 공적인 삶에 의해 규정되지 않는 사적인 삶이란 없다는 조지 엘리엇의 말은 어느 때라도 상기되지 않으면 안 된다. 요컨대 신해욱이 보여주는 탈정체성의 관념은 오히려 오늘날 우리가 자신의 정체성에 대한 질문에 답할 수 있는 능력을 크게 상실했다는 징후라고 할 수 있다. 만약 변화무쌍한 자아의 순간들이 존중되어야 한다는 주장이 지속된다면, 모든 종류의 경험은 시시한 것으로 전락하게 되고 취향의 세련은 요원한 것이 되며 천박성에 대한 판단력은 마비되고 말 것이다. 왜냐하면 차이의 상대화는 모든 자아로 하여금 더 높은 수준에 대한 열망을 자극하지 않음으로써 보다 나은 삶에 대한 전망과 사상의 발전을 차단할 것이기 때문이다. 한 번에 한 사람이 된다는 건 충분히 나쁜 일이다. 충분히 나쁜 일은 또 있다.

> 내가 덥다고 말하자 그는 문을 열었다.
> 내가 춥다고 말하자 그는 문을 꼭꼭 닫았다.
> 내가 감옥이라고 말하자 그는 꼼짝 말고 서 있었다.
>
> 2 더하기 2는 네 명이었다. 남아도는 것은 꼭 필요한 것이었다.
> 내가 유죄라고 말하자 그는 포승줄에 묶였고
> 내가 해방이라고 말하자 그는 머리띠를 묶고 앞으로 나아갔다.
> 그는 꼼짝 말고 서 있었다. 버스 안에서

이제 그만 내릴 때라고 말하자 그는 두 발을 땅에서 떼었다.

내가 명령이라고 말하자 그는 망령처럼 일어서서 나갔다. 누군가의 입에서

—「감옥」 전문

김언의 시집 『소설을 쓰자』(민음사, 2009)의 맨 앞에 나오는 시인데, '말'이 행위를 규정하는 세상은 '명령'이 모든 종류의 행동에 대한 제약으로 작용하는 일종의 '감옥'을 만들게 된다는 주장을 '명령'을 '망령'으로 뒤집는 언어유희를 통해 전달하고 있다. 언어는 사실의 진술과도 관련되고 가치의 진술과도 관련된다는 점에서 당연히 해야 한다거나 해서는 안 된다와 같은 당위의 체계를 형성하게 된다는 것이 언어에 대한 정통적 가설이다. 그러나 그 체계는 감옥의 공간을 이룩하기도 하지만, 통상 도덕의 공간을 구성하게 된다. 그렇다면 왜 시인은 언어가 망령된 것이라는 시적 환상에 주목하게 된 것일까? 그는 무엇보다도 수학적 조작과의 유비에서 그 이유를 찾고 있는 것처럼 보인다. "2 더하기 2는 네 명"이 되는 수학적 설계를 실현하려면 복잡한 세계를 단순화하기

위해 논리적 조작에서 다루기 어려운 부분을 잘라내야 하는 것처럼 "남아도는 것"으로 표상된 언어적 쓰레기에 대한 배제 없이는 언어적 질서가 성립할 수 없는데, 이처럼 언어의 체계는 언어적 혼돈이 "꼭 필요한 것"임에도 불구하고 그 필요를 억압하는 부당한 처신으로만 존재한다는 것이다. 실제로 도덕적 편견과 결합된 언어적 억압의 문제는 김언의 시 전체를 통해 아주 집요하게 다루어진다.

예컨대 "소리를 내기 위해 얼마나 많은 고요가 뒤엉켜서 누워 있을지 상상"(「돋보기」)하며 "소요를 준비하는 조용한 군중들"(「한 사람들」)이라는 혁명의 이미지로 억압된 언어들의 분노를 상기시키는가 하면, "꽃들을 다 그리고도 남는 꽃들"이나 "애벌레가 기어오르다가 슬몃 흘리고 간 애벌레"(「흔들」) 등 언어적 잉여에 시선을 던짐으로써 어떤 존재의 "확인되지 않은"(「미확인 물체」) 순간들을 포착하기도 한다. 또 정체성의 분열과 증식을 통해 자아의 동일성에다가 모호성을 부여하는가 하면(「숨바꼭질」), 바닷물에 빠져서 허우적대는 "맞춤법을 모르는 소년"(「먼지 행성의 주민들」)을 "모든 언어는 은어니까"(「톰의 혼령들과 하품하는 친구들」)라는 전환적인 명제로 구조하기도 한다. 결국 시적 언어란 그러한 언어적 '거품'(「문학의 열네 가지 즐거움」)을 제거하지 않고 포용하는 방식으로 이해되기에 이른다. 시인의 의도는 여기서 분명한데, 바로 단순한 '언어'의 세계에 구속된 복잡한 '사실'의 세계를 해방시키고자 하는 것이다. 그러나 '사실'에 대한 이 시인의 애호는 표현할 수 없는 진실에 대한 김춘수식의 시적 갈망과 혼동되어서는 안 되는데, 왜냐하면 현재의 시인은 진실을 사실의 하나로 끌어내리려는 포스트모더니스트이지 사실을 진실로 끌어올리려는 형이상학파가 아니기 때문이다. 이것은 다음의 시에서 더 잘 드러난다.

> 쥐는 싫어하지만 고양이는 귀여워한다.
> 고양이는 귀여워하지만 덩치 큰 개는 무서워한다.
> 덩치 큰 개는 무서워하지만 악어는 집에서 기른다.
> 악어는 애완동물이지만 악어새는 고려 사항이 아니다.
>
> 진딧물은 개미와 공생 관계이지만
> 개미는 다른 개미를 노예로 부린다.
> 사람은 동족을 잡아먹지만 종교에 따라
> 개 돼지 소는 먹지 않는다.
>
> 19세기의 프랑스를 좋아하지만

파리는 못 가 봤고
달팽이 요리는 못 먹어 봤지만
브리지트 바르도의 텅 빈 머리는 즐겨 씹는다.

말은 싫어하지만 때에 따라서 아주 맛있는 고기다.
전위는 새롭지만 선호하는 부위가 다르다.

—「취향의 문제」 전문

김언 시인이 "취향의 문제"에서 제기한 것은 한마디로 좋은 삶에 대한 다문화주의적 비전이라고 할 수 있다. 쥐는 싫어하고 고양이를 좋아하는 사람들이 있을 수 있는 것처럼, "달팽이 요리"를 이상하게 여기고 개고기를 "즐겨 씹는" 사람들도 있을 수 있다는 것이다. 화자가 개고기에 대해 문화적 편견을 종종 드러냈던 서양의 한 여배우를 비판한 것은 그 때문일 것인데, 하지만 취향의 포용에 대한 그러한 주장은 포스트모더니즘이 처한 논리적 자기붕괴를 따라가게 된다. 왜냐하면 취향들의 다문화주의적 포용 안에서는 개고기에 대한 선호와 개고기에 대한 혐오 모두 문화적 정당성을 지니는 것이어서 비판의 근거가 허물어져 버리기 때문이다. 사실 이러한 다문화주의자의 궁핍한 상상력은 문화적 차이에 대한 관용을 견인하기보다는 오히려 자기정당화의 열기를 부채질하는 것으로 보인다. 가령 "나는 나의 유일함인데,"(「연루된 사람들」) "그들이 고민하는 시와 내가 고민하는 시가 왜 다른 무대에 살면 안 될까요?"(「인터뷰」) 하고 질문하면서, 시인은 자신만은 "당신과 다르다는 걸로 만족한다"(「당신은」)며 슬며시 관용의 포즈를 취한다. 과연 그가 그걸로 만족할까?

아마도 아닐 것이다. 시인이 언어적 관용을 주장함으로써 다문화주의를 설득할 생각이 없었다면 시를 썼을 리 없다. 그는 "다른 무대"에 살고 싶다고 얘기하고 있지만, 그럼에도 불구하고 그 무대로 우리 모두를 초대하여 자신을 드러내고 싶어한다. 표준 문법에 시비를 걸고자 하는 중요한 이유들 중 하나는 바로 여기에 있을 것인데, 결국 그 독창적 차이에 대한 열망에서 권력에 대한 깊은 욕망을 감지하게 된다. 어쨌든 김언의 시를 관통하는 것은 소통 가능한 언어에 대한 요구란 다양성을 배제하는 일종의 정치적 억압과 동일한 것이라는 생각이며, 복잡한 사실에 대한 승인만이 모든 가치를 억압 없이 인정하는 다문화주의적 자유를 허락하게 될 것이라는 전망이다. 그러나 미학의 분야에서 키치가 성공하는 데 필수적인 것은 바로 그러한 차이에 대한 무분별한 승인과 포용이라고 할 수 있다. 요컨대 시학을 차이의 정치학에 순응시켜야 한다는 이데올로기는 불안정하고 방어적이 되기 쉬운 일종의 자기합리화의 경향을 통해 예술적 기준에 대한 의도적 무시를 정당화하고 마침내 미학적 야만주의의 번성을 가져올 것이다.

여기서 회피해서는 안 될 문제는, 예술이 악의 있는 행동들을 자극하는 뜻밖의 사회적 결과이다. 특히 이데올로기적 독단을 반성적으로 검토할 수 있다는 이유로 또 다른 이데올로기적 도그마를 지지하는 경우 선의가 결과를 은폐하게 된다는 점에서 그 사회적 폐해는 훨씬 더 치명적인 것이 된다. 선의가 반드시 바람직한 결과를 보장하는 것은 아닌데도 불구하고, 사회적으로 수용되는 순간 엄청난 사태를 몰고 올 터무니없는 시도들이 실제로 예술적 선의를 내세워 미학적으로 정당화되는 일이 허다하다. 그리고 사회를 보호하는 단 하나의 방법은 사회를 공격하는 것이라는 미적 근대성의 이념까지 가세하면, 그것은 마치 상처에 소금을 문지르는 셈이 되고 만다. 사실 이데올로기적 독단들 가운데 부차적인 것들은 얼마든지 회의주의의 먹이가 되어도 좋지만, 가장 기초적인 도그마들마저 그렇게 되어야 한다고 말하는 것은 '텅 빈 머리'가 아니고서는 할 수 없는 주장이다. 왜냐하면 모든 이데올로기적 도그마들이 다 부정되어야 한다고 주장하는 자유주의적 상대주의자들은 새로운 이데올로기적 도그마의 종이 되기 위해 낡은 도그마를 거부한 것일 따름이기 때문이다. 이처럼 우리가 종종 말하는 문학의 탈이데올로기화는 문학의 재이데올로기화가 되기 십상인데, 말하자면 빈약한 이데올로기가 풍부한 이데올로기를 대체하는 꼴이다.

물론 결과는 나쁠지 모르지만 의도가 좋은 시집에 대해 관대한 평을 해야 할 필요가 있다는 것은 나도 안다. 그러나 시적 폐해를 관용으로 대한다면, 시적 은혜는 도대체 무엇으로 대할 수 있겠는가? 지금까지 내가 다소 가혹했던 이유이다.

사랑의 비유들

오늘날 보수적인 새침함에 대한 완강한 거부는 과거 사랑하는 사이라고 불렀던 관계에 지배적인 태도로 자리잡고 있다. 현재 사랑에 대한 우리의 태도에서 그런 새침함은 사회적 의무와 제한들에서 초래된 신경증적 반응이나 개인적인 감정과 욕구들의 자연스런 표출을 감추는 일종의 위선에 지나지 않는 것으로 간주된다. 결국 솔직함만이 진정한 것이고 미덕이 된다는 것인데, 실제로 우리 시대의 연인들에게 사랑을 고백하는 일과 욕구를 말하는 일 사이에 차이는 거의 없는 것처럼 보인다. 다시 말해 그들은 사랑을 통해 신혼의 잠자리로 가는 것이 아니라 혼전 잠자리에서 사랑을 이끌어내려고 한다. 이제 사랑과 섹스를 혼동하는 사랑에 대한 자연주의적 접근법은 도발이 아니라 하나의 상식이다. 그런 의미에서 오셀로의 질투는 권위주의로서 섹슈얼리티를 억누르는 정신병리에 불과한 것이 된다.

그렇다면 결혼이라는 의무의 굴레 바깥에서 사랑과 섹스를 결합할 수 있게 된 우리의 솔직한 자연인들은 더 자유롭고 행복해졌을까? 물론 세심한 주의를 기울이고 특별한 노력을 쏟게 되는 어려운 구애의 과정을 생략하게 된 일은 성관계를 손쉬운 오락거리로 만듦으로써 그들을 좀 더 자유롭게 만들었을 것임에 틀림없다. 그러나 그러한 성적 자유가 짜릿한 감각과 애틋한 신비를 절멸시킴으로써 그들의 자유로운 사랑을 행복감이 아니라 권태로 채우게 되었다는 사실 역시 부인하기 어렵다. 말하자면 자연인들은 성과 사랑이라는 행위를 아주 지루한 것으로 만들어 버리는 위대한 아이러니를 이룩한 셈인데, 요사이 우리 사회에서 애정의 유통기간이 극적으로 단축된 것은 그 위업이 가져온 가장 두드러진 결과라고 할 수 있다.

사실 이 시대의 사랑은 시장의 소비풍조를 닮아가고 있다. 이를테면 단기적인 충동구매가 언제나 가능하고 장기적인 비전에서 구입한 물품도 버릴 때는 아주 손쉽게 버리는 소비풍조와 오늘날의 사랑은 두 손보다 더 흡

사한 모습이다. 따라서 우리의 연인들에게 "영원히 널 사랑할 거야"라는 말은 사탕발림이 아니라면 아주 유별난 각오로 치부된다. 물론 그들은 헤어질 때쯤엔 상대방을 존중한다는 의미에서 "널 사랑했어!"라는 회고적 영탄을 뇌까리기 일쑤인데, 의도는 자명하다. 이렇게 된 것은 누구의 잘못도 아니라는 것을 스스로에게 설득하고 새로운 성교를 방해할 감정적 부담을 깔끔하게 처리하려는 것이다. 사랑에 대한 눈먼 자기망각이 상대에 대한 즉각적인 망각으로 대체된 셈인데, 결국 권태는 유희를 통해 상쇄될 수밖에 없다. 토크빌이 말한 것처럼, 영원한 삶을 단념한 사람들은 하루밖에 살 수 없는 것처럼 행동하게 마련이다.

그런데 이러한 하루살이의 비전은 우리 사회가 전자 미디어들에 매몰됨으로 해서 더욱더 악화되고 있는 것으로 보인다. 왜냐하면 빠르고 선정적인 장면전환으로 구조화된 전자 미디어들은 "사랑은 움직이는 거야"와 같은 구호들을 속사포처럼 쏘아대며 지속적인 것에 대한 믿음을 붕괴시키고, 연인 관계를 순간적이고 변화무쌍한 것이 되도록 함으로써 사랑의 유희적 특성을 다른 어느 곳보다 강화하고 있기 때문이다. 실제로 우리의 아이들은 모든 관계가 단지 일시적일 뿐이며 변하기 쉬운 것이라는 무의식적인 가정 속에서 성장하고, 또 우리의 젊은이들은 상대를 선택하는 일과 관련해 내일을 고려하는 것은 무의미하고 헛되다는 의식적인 결론 속에서 연애를 시작한다. 연애를 믿지 않으면서 연애하려는 사랑의 냉소주의가 번성하게 되는 지점이 바로 여기인데, 어쨌든 이 시대 이 사회의 사랑은 즉흥적이고, 강렬하고, 변화무쌍하며, 따라서 아주 거친 유희가 되어 있다.

여기서 미당 서정주가 쓴 다음과 같은 시행들을 떠올려 보는 일은 우리에게 커다란 위안이 될지 모른다.

> 님은
> 주무시고,
> 나는
> 그의 벼갯모에
> 하이옇게 수놓여 날으는
> 한마리의 학이다.
>
> 그의 꿈 속의 붉은 보석들은
> 그의 꿈 속의 바다 속으로
> 하나 하나 떠러져 내리어 가라앉고
>
> 한 보석이 거기 가라앉을 때마다

나는 언제나 한 이별을 갖는다.

님이 자며 벗어 놓은 순금의 반지
그 가느다란 반지는
이미 내 하늘을 둘러 끼우고

그의 꿈을 고이는
그의 벼갯모의 금실의 테두리 안으로
돌아 오기 위해
나는 또 한 이별을 갖는다.

—「님은 주무시고」 전문

마지막 연에서 금실의 둥근 테두리는 당연히 결속된 사랑의 안정감을 뜻하는 '반지'의 환유이다. 그런데 우리는 4연에서 그러한 안정감이 "님이 자며 벗어 놓은" 반지에서 보게 되는 감정적 혼돈으로 흔들리고 있음을 알게 된다. 무엇이 사랑을 불안하게 하는가? 그가 잠들 때만 "한마리의 학"처럼 자유로울 수 있고 또 그의 꿈속에서만 "붉은 보석" 같은 그의 열정이 자기 것이 된다는 암시로 미루어 보건대, 그것은 분명히 그의 새로운 열정과 관련되어 있다. 그러나 화자의 마음은 붉게 빛나던 열정들이 하나둘씩 가라앉는 시간의 각성 속에서 매번 상기

되는 그와의 고통스런 '이별'에도 불구하고 다시 금실의 테두리로 돌아와 내려앉는데, 이것은 "순금의 반지"에 대한 믿음으로 깊게 숙려된 인내의 착지라고 할 수 있다. 결국 시인은 반지의 비유를 통해 사랑이 영원에 대한 동경일 뿐만 아니라, 그 사랑의 깊은 부분은 열정이 미덕과 결합될 때 열린다고 말한다.

이처럼 도덕적 비전과 결합된 사랑은 만족스러운 것은 아니라 할지라도 열정을 거쳐 미덕을 향해 가려 애씀으로써 인생에다 존재의 깊이를 부여한다. 많은 문학작품이 사랑은 언제나 어려운 것이고, 따라서 고통과 인내의 항상성은 사랑의 불가피한 정수라는 진리들을 다루어 온 이유는 바로 여기에 있다. 사실 훌륭한 문학들은 지금껏 정열적이고 낭만적인 사랑을 승화시킨 형태로 은밀하게 에로스와 결부시킴으로써 지금껏 사랑의 이야기에 갑작스러운 매혹과 거역할 수 없는 욕정을 포함시키는 경우라도, 어떤 방식으로든 그것의 도덕적 의미에 대한 고통스러운 숙고를 빠뜨리지 않았다. 그러나 불행하게도 그것은 오늘날 우리의 문학들이 받아들이기에는 특별히 난해한 전통처럼 보인다. 오히려 최근의 한국문학은 거친 유희로서의 사랑을 유행으로 만든 사회적 추세를 경쟁적으로 추종하고 있는 듯하다.

예를 들면 근래 어느 인터넷 포털 사이트에 사랑을 테마로 한 시편을 연재하는 작업에 70명이라는 적지 않은 수의 시인들이 참여해 완성한 일종의 전자 시집은 그것의 적절한 예가 된다. 『시, 사랑에 빠지다』(미디어다음&현대문학, 2009)가 바로 그것인데, 반신반의로 뒤적이던 그 시집에서 실제로 즉각적인 성적 만족과 사랑을 혼동하고 열정이 미덕과 분리되며 권태를 유희로 상쇄하는 사회적 풍조에 대한 모방들을 목격하는 순간, 그저 멍하니 한 대 얻어맞은 기분이 들었다. 물론 그 가운데 여전히 많은 시편들은 아이러니컬하게도 전자 미디어에 협력하고 있음에도 불구하고 미당의 반지와 같은 해묵은 비유들로부터 결과한 진정한 에로스에 대한 이해를 일정하게 보존하고 있었다. 그러나 몇몇 시인들의 경우, 특히 비관습성을 예술적으로 신봉하는 젊은 시인들일수록, 그들의 진보적이고 새로운 비유들은 우리를 엉뚱한 길로 이끌었다. 몇 편만 읽어보기로 하자.

> 사랑할 때 우리의 입은 늘 한목소리였다. 사랑할 때 우리의 손은 늘 한 손깍지였다. 그로부터 벙어리장갑 한 짝이 내 것이라 배달되었을 때 나의 두 심장은 박수 치는 심벌즈처럼 골 때리는 콤비였다. 이는 내 것이 아니었으므로

아나 개야, 개나 물어뜯을 놀잇감 준비하느라 오래도록 당신 참 수고하셨겠다, 죽어라 그니까 개 줄라고.

— 김민정, 「벙어리…장갑」 전문

먼저 "벙어리장갑 한 짝"을 배달함으로써 이별의 의식을 치르려는 '당신'이 있고, 이어서 그 말없는 물증을 통해 실연의 감정을 산뜻하게 정리하겠다는 그런 애인에게 거친 분노를 표출하는 화자가 나온다. 만약 열정과 분노가 모든 사랑에 수반되는 감정적 굴곡을 요약하는 것이라면, 여기서 우리는 당연히 열렬한 감정이 상처 입을 때 쏟아내는 격렬한 분노를 상기하지 않을 수 없다. 세상에는 분명 참을성 있는 지혜를 통해 존재의 깊이로 침잠하는 사랑도 있지만, 반대로 상처받은 마음에 매몰된 채 자기위안의 분노로 폭발하는 사랑도 있다. 따라서 결별한 애인을 향해 야유 섞인 분개로 저속한 말들을 뇌까리는 화자의 모습에도 일말의 진실이 없는 것은 아니다. 요컨대 이 시는 열렬한 연애의 결렬로 상처 받은 사랑이 빠지게 되는 감정적 진실의 일단을 말하고 있는 것처럼 보인다.

그러나 김민정의 시가 어떤 아이러니를 의도하고 있다고 말할 수 있기를 진정으로 바라지만, 사실 그녀의 시는 진실보다는 특별한 종류의 심술을 담고 있다. 이것은 무엇보다 결렬된 사랑의 이별을 위한 의식을 접한 화자가 이미 무언가를 알고 있었다는 듯이 자신의 심장이 "박수 치는 심벌즈처럼 골 때리는 콤비였다"고 말하는 대목에서 잘 암시된다. 말하자면 벙어리장갑 한 짝을 화자의 소유로 오인한 애인의 무신경한 '수고'가 온전히 하나였던 사랑조차도 사소한 착오에 지나지 않는다는 사실을 일깨움으로써 화자는 자신의 분노를 계몽된 냉소로 바꾼 것인데, 결국 정신적 요소를 위해 의식의 요소를 제거하기를 원하는 그런 계몽된 사람들은 이별에 대해 순전한 고통으로 깊어지기보다는 결별에 대한 냉소적 환호로써 "내일을믿은게사실인가요"(황성희, 「실연」)라고 물으며 사랑을 단순한 유희로 만들고 만다. 그것도 "개나 물어뜯을 놀잇감"으로 말이다. 분명히 이 파격적인 비유의 영향은 우리를 아이러니와는 사뭇 다른 것으로 이끈다.

> 이 연애편지에서 나는 무엇을 소망하는가
> 밤바다의 등대나
> 사막의 오아시스 같은 매우 어려운 것을
> 꿈꾸는 눈동자나

노래하는 심장과 함께
그때 우리는 열렬해
외롭기도 해
그랬지, 나는 오래전에 너의 창문을 두드리고 두드리다
갔지

세게 두드렸으면 유리창쯤 깨졌을 텐데……
피도 봤겠지
너도 봤겠지
오버over하는 건 연애의 본질일까, 실수일까

지우개는 아직 하얗고
밤중에 밀려나오는 지우개 가루는 검다
모래로 쓴 글씨처럼
애써 지울 필요도 없어!
우리는
내일 또 지워진 후에 아주 옛날식 연애편지를 쓰자

— 김행숙, 「연애편지를 쓰자」 부분

사랑이 유희가 되는 순간이 여기 또 있다. 이 시는 우선 사랑에 대한 일종의 제유가 되어 있는 '연애편지'를 통해 연애의 어려움 때문에 생겨난 열렬하면서도 외로운 '소망'을 말하면서 연인의 창문을 두드리는 것과 같은 조심스러운 행위와 사랑을 단단히 결부시킨다. 그리고 묻는다. 만일 그 창문을 깨고 경계를 넘는 출혈의 연애라면 어떨까? 시인은 아마도 '피'를 보게 되는 육체적 합일처럼 "오버over하는 건" 연애의 '실수'라고 대답하고 있는 듯하다. 사실 성적 기대를 충족시켜 주는 연인관계에서는 역설적이지만 오히려 사랑의 불만이 싹트게 마련이다. 따라서 굳히기가 느슨함을 불러오는 그런 사랑의 역설을 피해 가기 위해서는 서두름과 단순함은 완만함과 세련됨으로 대체되어야 하는데, 이때 에로스는 말할 것도 없이 억제되는 것이 아니라 더욱 심화된다. 그렇다면 시인은 연애편지와 같은 예의와 복잡성의 요소로서 욕망의 실현을 유예하는 에로티시즘을 말하고 있는지도 모른다.

물론 욕망의 충족은 사랑을 손상시킨다는 이 에로스 숭배자의 관념에는 일정한 진실이 들어 있다. 그러나 김행숙의 에로스는 단지 에로스의 진실을 가리킬 뿐 사랑의 진실까지 보여주지는 않는다. 왜냐하면 그것은 "모래로 쓴 글씨"에 비유된 연애편지가 암시하고 있는 것처럼 애써 지우려는 노력도 필요로 하지 않고, 또 언제든 새롭게 쓸 수 있는 유희적 에로스에 불과하기 때문이다. 자연적 상태의 성과 관계 맺지 않는 유희적 에로스는 불가피하게 현실의 특정한 연인이 아닌 막연한 상상의 연인과 결부됨으로써, 사랑이라는 필요의 유희에 이어지지 못하고 에로스라는 감상의 유희에 한정되고 만다. 다시 말해 사랑에 이르기 위한 하나의 기회에 지나지 않는 에로스를 마치 행복의 유일한 처방전인 듯이 간주함으로써, 시인은 사랑하는 사람과 불행을 나누기보다는 사랑하는 사람 없이 행복을 누리겠다는 이기적인 심산을 드러내게 된다. "마중 나가는 일에는/ 질식하지 않"(김경주, 「내 머리카락에 잠든 물결」)으려는 에로스는 결국 "아주 옛날식"이기는커녕 너무도 현대적이다.

> 돌능금 나무둥치에 세들어 살고 싶다던 남자의 목소리가 전화기 너머에 고여 있어 그 목소리는 바다에 내리는 눈, 적도의 만년설, 얼음집 내벽 녹았다 다시 얼어붙은 물방울, 너는 잠시 빛나고 나는 적막을 품고 허기의 기록들이 마침내 느슨하게 흐르고, 달빛의 윤곽 너머 안개 낀 밤의 아늑한 사라짐들, 반역들, 불분명한 용서들 고대이자 후대인 바람의 화석이 무수한 시간의 문을 찢고 떨리는 목소리로 안부를 물어올 때,
>
> 우리는 서로 쫓는 자와 쫓기는 자, 겨냥하는 자와 숨는 자, 서로의 지형도를 숨긴 채 표적을 향해 달려들지만 대

열은 흩어지고, 표적은 간 데 없고 게릴라성 호우와, 수치
심에 대해 바람의 일행으로 다만, 먼 훗날 빙하에 갇힌 채
얼어버린 바람의 혈전으로 내 사랑의 저격을 완성시킬 수
있을까

— 문혜진, 「몰이꾼과 저격수」 전문

이 시인이 말하는 사랑은 또 어떤 것인가? 이 시가 제시한 답은 "바람의 화석"이나 "바람의 혈전"이라는 비유가 암시하고 있는 것처럼 사랑은 한마디로 진화에 의해 형성된 인간행동의 내재된 레퍼토리 가운데 하나일 뿐이라는 것이다. 말하자면 시인의 '바람'이 의도하는 것은 바로 사랑에 대한 생물학적 자연주의인 셈인데, 이것은 모든 사랑의 근본적인 목표를 어떤 개체의 유전자를 가능한 한 멀리 퍼뜨리는 것으로 정의한다. 그러니 사랑에 연루된 자들은 하나같이 "서로 쫓는 자와 쫓기는 자, 겨냥하는 자와 숨는 자"일 수밖에 없을 것이다. 여기서 우리는 불가피하게 "바람의 일행"으로서만 사랑을 '완성'하게 되는데, 결국 사랑으로 빚어지는 인간적 매혹들, 가령 연인의 침묵과 부재와 배신, 그리고 용서 등은 시의 마지막 의문에도 불구하고 모두 바람이라는 야만성으로 환원된다. 정말이지 사랑에 대한 시인의 표현은 냉

정하고 무미건조하기 짝이 없다.

실제로 한 점 의혹도 없는 생물학적 자연주의와 사랑의 신비를 뒤섞고 있는 문혜진의 비유는, 사랑의 오래된 미래로서의 바람이라는 관념으로 자신의 시뿐만 아니라 사랑 그 자체를 크게 손상시킨다. 왜냐하면 그녀의 시가 보여주는 자연주의적 필연성은 사랑과 관련해 우리의 노력이 필요하다는 점을 전혀 암시하지 않기 때문이다. 사실 우리는 단지 '배우들'(황병승, 「궁극의 애정신Scene」) 일 뿐이라는 것인데, 시인은 마치 수천 구의 시체를 찢고도 영혼을 발견하지 못했다고 말한 독일의 어느 해부학자를 닮아 있다. 그런가 하면 사랑의 모든 매혹적 광경들을 이기적 유전자의 위장된 성욕으로 간주함으로써, 그리고 생물학적 각성을 통해 신화적이고 심리적인 시간을 진화론적인 연대기로 대체함으로써, 그녀는 사랑의 필수요소인 초자연성이라는 정서를 파괴하고, 나아가 사랑을 아주 하찮고 시시한 것으로 만들어 버린다. 결국 사이비 과학의 냉소주의를 철저하게 따라가다 보면, 사랑은 어느덧 사라지고 오로지 욕정만 남게 된다.

이처럼 사랑의 시를 짓는다고 해서 언제나 위험이 없는 것은 아니다. 우리는 젊은 시인들이 보여주는 비유의 양상을 통해 사랑에 대한 그들 인식의 내밀한 부분을 엿

봄으로써 그 사실을 확인할 수 있었다. 사랑은 세속화의 문제들을 치유하는 유일한 초월성의 영역으로 인식되어 왔고, 문학은 그런 인식을 보존하는 데 심혈을 기울여 온 거의 독보적인 수단이었다. 그런데 수단을 자율적인 것으로 만들고 오락적 가치밖에 없는 새로움을 신봉함으로써 문학은 치유의 보루가 아니라 마침내 치명적인 병리의 일부가 되었는데, 우리는 오래 전 어느 그리스 시인이 떠올렸던 질문을 다시금 상기하지 않을 수 없다. "만일 물이 목에 걸리면, 무엇으로 그것을 씻겨 내릴 것인가." 전적으로 자율성과 새로움만을 추구하는 문학은 결국 사랑을 통해서조차도 우리를 숨막히게 하고 말 것이다.

더 나쁜 것은 요즘에는 잘못된 것을 올바른 것으로, 그리고 나쁜 것을 좋은 것으로 보이게 둔갑시킬 수 있는 사람이 인기가 있다는 사실이다. 나에게 오래된 연시들은 아무리 진부한 것이라 하더라도 한 연만 읽어도 가슴이 답답해지는 현대적인 연시들보다 더욱 큰 기쁨의 원천이 될 뿐만 아니라 실로 감동적이기까지 하다. 그런데 분별없으면서도 세련된 취향을 가졌다고 착각하는 평론가들은 그런 현대적인 연시들을 속으로는 분명히 싫을 텐데도 겉으로는 온갖 미사여구로 예찬한다. 이것이 단지 도덕적인 아름다움에만 매료되어 있는 사람의 고집스런 편견으로 치부되지 않았으면 좋겠다. 물론 오늘날 한국의 젊은 시인들에게는 그런 사랑의 형이상학보다 사랑의 진실에 대한 계몽된 각성이 더 중요한 것으로 보인다.

자기연민의 유혹

오늘날 한국사회에서 자존감은 문명화된 존재의 전제조건이자 민주적인 행복의 심리적 토대가 되어 있다. 그러니까 우리는 자아에의 배려라는 푸코식 권고가 민주주의라는 정치적 정당성과 결합되어 있는 일종의 자유주의적 문화를 살아가고 있는 셈인데, 여기서 이른바 자기부인은 개인의 이기적 욕망을 억제해야만 건강한 사회적 관계들이 성립한다는 도덕적 이해와 연관되는 것이 아니라, 개인의 진실한 본성을 억압하지 않을 때 모든 종류의 병리적 문제들이 해결된다는 정신분석적 파악과 관련된다. 말하자면 자기부인에서 오는 신경증적 압력은 욕망의 표출을 통해서만 해소된다고 생각하는 속류 프로이트주의가 이 사회의 이른바 시대정신

(Zeitgeist)을 이루고 있는 것인데, 따라서 우리는 이제 자제력을 미덕이 아니라 악덕으로 간주하는 이상한 세상에 속해 있다.

실제로 우리 사회는 모든 영역에서 자제력을 가르치는 데 실패하고 있다. 가정에서 부모들은 식탁 앞에서 떼쓰는 아이들의 단순한 변덕을 난처하게 여기면서도, 선택의 주권을 보장해야 한다며 그들에게 고개를 숙여 무엇을 먹고 싶은지 묻고, 학교의 교사들은 학생들의 제멋대로인 자기표현에 당혹감을 느끼면서도 다양성을 존중해야 한다며, 표정을 조절하고 그들의 잘못과 오류에 대한 비판을 삼간다. 물론 아이들을 윽박지르거나 학생들의 의견을 묵살하는 어른들의 권위에 전혀 문제가 없는 것은 아니다. 하지만 그러한 권위가 잔인하고 편협한 것이라고 말하는 것과 우리가 권위 없이도 지낼 수 있다고 말하는 것은 완전히 별개의 일이다. 아동에 대한 아리에스식 역사가 경고가 되는 것은 사실이지만, 아이들에게 자제력과 분별의 힘을 가르치는 교육적 권위의 이점은 아직도 유효하다.

그러나 자존감의 숭배로 구축된 하나의 사회에서, 자제력에 대한 무관심은 자기표현에 대한 열광과 결합되어 권위와 기준을 부정하는 문화적 방종을 조장하고 있다. 좋은 것과 나쁜 것을 구별하려 하지 않는 한국 대중문화의 현저한 특징이라고 할 수 있는 그것은, 사실 자유주의적 이념의 지배를 받는 보다 지적인 부류의 사람들로부터 흘러나왔다. 말할 것도 없이, 대학 강의실에서 차이(difference)의 가치가 식별(discrimination)의 가치를 능가하게 된 것은 꽤 오래된 일이다. 그리고 최근 내가 일하는 한 대학에서 글쓰기를 담당하는 강사들은 대학 당국으로부터 다양한 의견을 존중하지 않고 학생의 발표에 대해 비판하는 것을 자제하라는 기묘한 지침을 하달받았다고 한다. 그런가 하면 사회적 영향력에서 좀 더 직접적이고 확산적인 대중적 지식인들의 메가폰은 훨씬 노골적이다.

예를 들어 요사이 엄청난 인기를 모았던 아이돌 스타 빅뱅이 얼마 전 『세상을 향해 너를 소리쳐』라는 자전적 이야기를 펴내 낙양의 지가를 올렸을 때, 한 인기 작가가 라디오 방송을 통해 상업주의적 출판 관행에 대한 일각의 비판을 촌스러운 반응으로 일축하며 그 진솔함을 강하게 옹호하는 것을 들은 바 있다. 예상과는 반대로, 우리가 그 옹호에서 감지하게 되는 것은 개인의 진정성은 상업주의에 대한 혐의조차 무죄로 할 수 있다는 은밀한 자기변명만이 아니다. 제목이 함축한 자기신뢰의 메시지에 대한 찬동이 암시하는 것처럼 그러한 변명에는 소위 낭만주의적 오류가 뚜렷하다. 다시 말해 그것은 자기표현의 존중이라는 전제에서 성급하게 자기존중의 표현에 대한 무한한 허용이라는 결론을 도출하는 치명적인 오류이다.

그런데 우리 영혼의 영광을 약속하는 그 오류는 이른바 현대적 영혼의 산고가 시작되는 원천이기도 하다. 왜냐하면 유사 이래로 인간의 욕망과 세상의 질서 사이의 불가피한 간격은 인생의 조건이기를 그만둔 적이 없고, 따라서 개인의 진정성은 누구든 소원대로만 살 수 없다는 인간 운명의 진실성과 다투지 않으면 안 되기 때문이다. 결국 사회적 실존을 면제받으려는 자존감은 사회적 질서가 요구하는 자제력과 갈등과 충돌이 불가피한데, 여기서 상처를 입을 수밖에 없는 현대인들은 자신의 자존감을 방어하기 위해 자기연민의 감정에 몰두하거나 자기정당화에 진력한다. 나아가 그들은 순전히 개인적인 불행을 사회의 탓으로 돌리는 자유주의적 이념의 후원을 받아 스스로에게 책임에 대한 면죄부를 부여하고 심지어 범죄의 윤리성을 주장하면서 자신의 권력의지를 충족시킨다.

사실 자기존중의 표현과 거의 동일시되는 오늘날의

글쓰기보다 그러한 현대인의 자기기만(bad faith)을 명백하게 보여주는 것은 없다. 실제로 이 시대 대부분의 글쓰기는 개인적 고뇌와 불행을 일반화된 진리로 전환하는 현대적 신문고에서 자신의 역할을 발견함으로써, 글쓴이가 자기 자신의 불편함이나 불행이 무조건 사회적 장벽에서 오고 있다고 착각하는 일을 가능하게 만들어준다. 물론 경험의 보다 깊은 의미를 탐구한다는 진지하고 철저한 문학적 글쓰기조차 여기서 예외가 되는 것은 아니다. 가령 요즘 젊은 시인들도 자기표현을 이기적 방종과 다를 바 없는 것으로 간주하는 현대적 글쓰기의 난맥상을 벗어나지 못하는 것 같다. 이것은 식품 첨가물의 위해성이 불량 식품보다 브랜드 식품에서 더 치명적인 것과 같은 이치에서 보다 상세한 검토를 필요로 한다.

최근 우리 시대 젊은 시인들의 면모를 한꺼번에 일별해 볼 수 있는 사화집이 출간되었다. 『50인의 평론가가 추천한 우리시대 51인의 젊은 시인들』(서정시학, 2009)이 바로 그것인데, 여기에는 50명의 현장 비평가들이 엄선한 51인의 젊은 시인들이 저마다의 개성을 뽐내는 최근작과 대표작 3편씩을 싣고 있다. 말할 것도 없이, 선정된 젊은 시인들이 쓴 시편들 가운데 상당수는 순전히 문학적인 관점에서만 보면 여러 가지 장점을 가지고 있는 것이 사실이다. 그러나 이것은 그들의 시가 사회적인 결과를 갖지 않는다거나 현대적인 영혼의 곤경에 대해 무언가를 드러내지 못한다는 의미는 아니다. 진실을 말하자면, 그들은 분명 현대인의 병리적 심리들이 변장해 있는 지하 세계의 창조자들 가운데 하나이다. 아니면 적어도 그러한 세계가 존재한다는 징후이다. 우선 한 시인은 다음과 같이 쓴다.

> 오늘따라 어쩐지 나는 그걸 하고 싶다
>
> 귀이개를 가지고 귀를 팔 때 보이지 않지만 귓구멍에 대해 가지는 구체성, 머릿속에 떠오르는 그 구멍에 대한 상상력은 의외로 선명하다 확신하면서 들어가지는 않았는데도 무언가를 느끼면서 무언가를 모으고 있다는, 긁고 있다는, 그 시원한 질감으로부터
>
> 귓밥이 흘러나온다
>
> — 김경주, 「순장-몽유도원도」 전문

이 시는 여성의 성기를 '귓구멍'이라는 낯선 은유적 베일로 위장하고 있음에도 불구하고 한 개인의 성욕을 노골적으로 표현하고 있음에 틀림없다. 시의 화자가 스

스로 말하고 있는 것처럼 "그 구멍에 대한 상상력은 의외로 선명하다." 말하자면 1연의 "그걸"이 보여주는 야한 환기력은 구멍과 만나면서, 3연의 "귓밥"이 가리키는 은유적 알리바이에도 불구하고 2연의 "질감"이라는 언어유희의 증거를 통해, 명백하게 시인 자신의 느닷없는 성적 욕망을 표시한다. 그런데 시인은 애욕에 대한 상상력을 표현하면서도 매혹적인 에로스의 유희를 주제로 삼지는 못하고 있다. 도대체 왜 그는 자신의 비밀스러운 욕망을 솔직하게 드러내고 싶었을까? 혹시 젊은 시인은 한 개인의 진실한 본성을 감추는 것은 위선과 기만에 불과하다는 현대적인 사고를 내면화하고 있지 않았을까?

물론 누군가는 내가 요점을 벗어났다고 지적하면서 시의 제목을 환기시키려고 들지도 모른다. 그러니까 그는 억압적인 사회와 도덕적 권위의 폭력성을 암시하는 순장의 역사를 염두에 두고서 자연의 진실한 본성에서 유래된 성욕의 솔직한 표현이 가지는 진보적 의의를 말할 것이다. 즉 상속된 과거의 오점에서 해방된 현대적 우리는 간절히 "하고 싶다"면 원하는 것을 할 수 있는 권리를 갖는다는 것인데, 개인의 욕망을 제한 없이 허용하는 사회적 관용에 대한 그러한 쾌락주의적 몽유도원도는 다른 젊은 시인들의 작품에서도 산견된다. 예를 들어

고현정은 갈망하듯 "알코올 도수가 70도에 달해 취기를 빨리/ 느끼게 해주는 사고뭉치 압생트"(「압생트, 랭보의 에메랄드빛 하늘」)의 세계를 그리는데, 이곳에서는 대가 없이 현실을 '수술'할 수 있다. 그런가 하면 박미산은 아예 세상으로 내려오는 일 없이 "하늘을 가르며" "두려움 모르는"(「날아라, 수만 개의 눈으로」) "꽃의 나날"을 영위하고자 한다.

이처럼 자기표현을 존중하는 관대한 공간에 대한 이상이 선택되면 한 가지 커다란 이점이 생기는데, 바로 그들은 사회적 관계의 중력으로부터 해방되어 자유주의적 진공 속에서 제멋대로 움직이는 도덕적 단자들이 될 수 있다. 이때 그들의 문학은 마침내 사회적 실존이란 개인적 욕망을 관철시키기 위해 어떤 희생을 치르더라도 부정하거나 회피해야 할 대상이라는 철없는 유아론(solipsism)에 완전히 젖는다. 따라서 젊은 시인들은 자신들의 몽유도원도가 개인적 욕망들이 서로 다투는 사회적 지방자치화를 포함하고 있다는 사실을 조금도 떠올릴 수가 없다. 말할 것도 없이, 현실이 아니라 망상이 진짜 세계가 되는 유아론적 관념에 대한 매혹에서 예상할 수 있는 것은 무엇보다도 상처 입은 자아의 고립이다. 하지만 자아의 욕망은 정당하기 때문에 여기서 젊은 시인들이 보여주는 가장 강력한 시적 감정은 자기연민이 된다.

> 면접 보고 오는 길에 유채꽃밭 지나왔어요 샛노랗게 질린 사월이 내내 따라왔어요 황사 지난 유등천 물결이 바람을 뿜어 올렸고요
>
> 공황장애–군대면제, 병력만 보지 말고 노랗게 꽉 찬 내 속 좀 봐달라고 애면글면 쳐다봤어요 내 목숨은 노란색인데
>
> 그 안경에 걸터앉은 흰자위 좀 치우고 제발
>
> — 박진성, 「유채꽃밭」 부분

이 시는 색채의 상상력을 통해 입사에 실패한 자의 절망을 표현하는 작품이다. 실제로 시인은 생활난의 해결을 위해 면접에 나섰지만 "노랗게 꽉 찬 속"은 보지 않고 군대면제와 병력 등만을 까다롭게 따지는 세상의 눈초리 앞에 좌절하여 "샛노란" 절망을 안은 채 천변을 걷는다. 그런데 세상이 진실과 내면의 가치에 맹목인 공간으로 그려지고 있는 데서 알 수 있는 것처럼, 시인의 절망은 자기 자신에 대한 유감보다는 오히려 세상에 대한

원망과 결합되어 있다. 말하자면 세상이 무언가 잘못된 것이지 자신에게는 전혀 잘못이 없다는 것인데, 그 결과 시인은 인간을 성장하게 하는 모든 것을 고양시키는 대신에 절망과 한탄에 대한 낭만주의적 순응으로 비틀거릴 수밖에 없다. 바로 이때 자기연민은 자기를 극복하여 성장하는 것이 아니라 초라하게 자신을 보존하는 것이 존재의 목적이 된 그러한 사람의 심리적 의지처가 된다.

그리하여 "정말 되는 일도 없구나, 백수처럼 살아오며 깨달은 결론"(최금진, 「마흔 살」)을 통해 "피해망상"에 빠진 젊은 시인들은 전시적인 의도를 가지고 자신들의 불운과 불행을 과장한다. 왜냐하면 우리 모두에게 자신들이 전혀 잘못이 없음을 말하기 위해 자신들이 전혀 능력이 없음을 보여주고 싶어하기 때문이다. 예를 들면 박후기는 세상의 밑바닥에서 "모래알 같은 생쌀을 씹는"(「철거」) 철거민을 노래하고, 이기인은 아기를 태운 유모차의 행방에 이어지는 "기다란 대출상담 번호표"(「돌다리」)를 통해 지하 셋방의 빈곤과 생존을 보여준다. 물론 그들의 어조를 지배하는 것은 자기연민의 감정과 경쟁하는 동정이다. 하지만 이 동정적 상상력은 자기연민의 감정을 살짝 감춘 채 우리 모두의 무능과 빈곤은 잘못된 사회에 의해 철저히 악용당한 결과라는 점을 믿고 있다.

그런 의미에서 "월세 10만원에 잠만 자는 방이어도. 짐이라곤 옷가방 하나라도. 사랑합니다."(장이지, 「다녀왔습니다」)라고 적는 것이 가능해진다.

결국 젊은 시인들은 자신들의 글쓰기를 경험의 보다 깊은 의미들을 탐구하는 데 바치는 것이 아니라 그 의미들로부터 자신을 방어하기 위해 바친다. 그리고 이 자기방어가 낳는 것은 부당한 사회에 반대하여 마음의 도개교를 들어 올리고 꽁한 자기연민 속에서 자신들의 무능과 빈곤이 누려야 할 행복에 대해서만 염려하는 것인데, 간혹 이러한 옹졸함이 연대의 대상을 발견할 때는 일종의 비의적인 결사체를 모의하기도 한다. 박상수가 말하는 "장미 십자회 중창단"(「장미 십자회 중창단의 여름」)이 가리키는 것이 바로 그것이다. 그런데 자신의 정당성이 부당하게 억압받고 있다는 생각에서 이미 예상되는 것이지만, 그러한 유대감은 어떤 경우에는 자기연민의 감정을 아주 적대적이거나 호전적인 것으로 만든다. 가령 여기 끓어오르는 애욕에 사로잡힌 클림트 풍 연인들이 나누는 대화를 들어보라.

> '물속의 물고기들은 목마르지 않아서 좋겠다' 라고 혼자 되뇌었다

— 하지만 당신과의 관계를 엄마가 알게 된다면 당장에 다리몽둥이가 부러질 거예요

— 걱정하지 마 그녀가 당신을 해치기 전에 내가 먼저 그녀를 없애버릴 테니까

— 그만 둬요 바보같이…… 엄마를 죽인 남자와 섹스하고 싶진 않아

— 무슨 소리야 그러면 나는 앉은뱅이랑 한 침대에서 자고 싶을 거라 생각해?

'저기 봐, 밤이 오고 있어.'

— 황병승, 「아름답고 멋지고 열등한」 부분

여기서 목마름을 모르는 "물속의 물고기들"이 암시하는 것처럼, 먼저 우리는 이 대화에서 자연의 참된 본성과 자기감각의 진실한 느낌들이 항상 충족되는 낭만적 치외법권의 지대를 엿보게 된다. 이어서 우리는, 만일 그 트리스탄의 순간을 누구든 방해하려 한다면 그를 법과 질서를 거스르는 극단적인 폭력을 통해서라도 제거할 수 있다는 미친 생각을 듣게 된다. 츠바이크는 미친 감각은 미친 생각을 낳는 법이라고 말한 적이 있다. 이처럼 자기연민의 감정에서 떠올린 자기정당화의 격분은

자기만족을 위한 어떤 행위도 서슴지 않는 파렴치한 시도들로 사회적 관계의 정당한 부담에서 오는 개인적 책임이라는 개념을 지워버린다. 그런 의미에서 시인의 생각은 사춘기적 욕망의 즉각적인 만족에서 인생의 "밤"에 떨어지게 되는 유다의 키스와 연관되는 것이지 어른의 지혜에 순응하는 데서 감각적 풍요를 더불어 얻게 되는 베드로의 그물과 관계되는 것이 아니다.

사실 자기연민의 수세적인 감정이 자기정당화의 공세적인 분노로 전환되기 위해서는 자기기만이 필수적이다. 그러니까 박연준은 「웅크리다」에서 웅크리고 있는 연약한 존재들과의 유대감을 표명하며, 앞으로 진정한 빛으로 다가올 "태양"에 대한 낭만적 기대 속에서 현재의 어두운 밤을 장식하는 "별들"의 위선적인 반짝임은 "모두 떨어져야 한다"고 독설을 내뱉는데, 자기연민과 결합된 이 공격적인 자기정당화가 가능하기 위해서는 이승원의 시에 나오는 다음과 같은 터무니없는 자기기만이 요구된다. "스쿠터를 타던 남자가 앰뷸런스를 후미에서 들이받았다/ 피를 흘려 더러워졌다 아니 더러워 보인다/ 새로 구급차를 부를 것인가 상처를 준 차에 합승할 것인가"(「인더스트리아의 시민」). 여기서 들이받은 자가 상처를 입은 자로 둔갑하는 자기기만은 일종의 프로이트적 말실수를 통해 드러나 있다. 오늘날 젊은 시인들은, 잘못된 행동을 한 아이들의 자기변명이 대개 그렇듯이, 자신들의 결백을 주장하면서 스스로 그것을 믿는다.

이를테면 "우우, 우, 우, 거짓말을 타전"(안현미, 「거짓말을 타전하다」)하는 일이 "순수한 진심"이라면 "어떤 경우도 진심은 아름답기 때문에"(김중일, 「우리 귀 속에서의 거짓 시절」) 그 거짓말은 언제나 아름답다는 것이다. 정말 "어떤 경우도" 다 그럴까? 분명 아닐 것이다. 하지만 시인들은 지금 이곳에서 문학을 공식적으로 관리하는 평론가들과 합심으로 자기연민과 자기정당화에 기초해 이른바 '불만제로'의 사회를 문학의 명백한 목표로 밀고 있다. 따라서 불평거리에 대한 감각이 요즘 문학의 지당한 특성으로 간주된다는 것은 두말할 것도 없다. 물론 자기 자신에게 닥친 불행의 원천을 외면하고 모든 잘못을 세상의 문제로만 돌리는 그들은 자기기만에서 오는 경박한 분노에다가 정치적 올바름(political correctness)이라는 점잖은 옷을 입히기도 한다. 요컨대 그들에게 행복은, 다음에 인용된 사회주의적 장광설이 드러내는 것처럼, 자기극복의 노력에서가 아니라 오로지 사회적 변혁에서만 찾을 수 있는 것이 된다.

당신들은 우리 시대의 한복판을 점거해 들어갔다
한국사회 민주주의는 완성되었는지도 모른다는 헛소문
이 정도면 살기 좋아졌다는 배부른 소리
이젠 문화의 시대라는 편안한 말들 속을
헐벗은 몸으로 가식없는 말들로 점거해 갔다
860만 비정규인생들의 죽음을 먹고 사는 자본의 심장을 점거했고
말장난으로 날이 뜨고 새는 국회를 압도했다
창백한 언론과 지식인들의 복잡한 논리를 단순하게 제압하고
뚫고 들어갈 필요도 없이 공권력의 중심에 놓였다
가장 평범한 이들이 가장 민주적이며
가장 억압받는 이들이 가장 진실에 가까우며
가장 단순하고 소박한 꿈이 가장 혁명적이라는
역사의 희망을 진실을 지켜주었다

— 송경동, 「점거는 끝나지 않았다-이랜드 · 뉴코아 여성비정규직 투쟁 300일에 부쳐」 부분

이 혁명주의자 시인은 그다지 단순하지도 소박하지도 않은 사람들과의 단순한 평등을 요구하고 있는 것이 아니다. 그는 "단순하고 소박한 꿈"을 가진 사람들이 그들보다 우월하다는 것을 주장하고 있다. 그러면서 시인은 분노하고 있는데, 왜냐하면 누구보다도 "가장 민주적

이며" "가장 진실에 가까"운 자신들은 "한국사회 민주주의는 완성되었는지도 모른다는 헛소문"을 퍼뜨리고 "이 정도면 살기 좋아졌다는 배부른 소리"를 지껄여대는 이 기만적인 사회에 의해 착취당하고 억압 받았다고 믿기 때문이다. 하지만 여기서 분노는 자기정당화의 연료이고, 자기정당화는 장광설의 추진력이 되어 있다. 시인은 낭만적이고 평등주의적인 관념을 통해 자존감을 표현하고 관철하려는 모든 사람의 훈련되지 않는 노력들도 "역사의 희망"이 될 것이라고 믿는 듯하다. 우리 사회의 민주주의가 완성된다면, 비정규직은 없어지고 또 자의적인 인사권에 기인한 부당 해고의 폭거는 사라지게 된다는 것이다.

이처럼 자기연민의 유혹에 굴복하면, 자기반성은 정지할 위험에 빠진다. 그리고 운명의 힘을 숙고하지 않고 자유로움을 구가하려는 현대적인 영혼은 심지어 자신에게 치외법권을 부여하고 법과 질서를 거스르는 데서 진정한 시의 세계가 시작된다는 착각에 빠지기도 한다. 자유로운 것은 저질 시인들뿐이라는 시오랑의 말은 너무 지나친 것일 수 있다. 하지만 심령의 가치는 높이 올라가는 데 있지 않고 질서 있게 살아가는 데 있다는 몽테뉴의 말은 여전히 온당하다. 물론 젊은 시인들의 자존감과 자기연민은 정의의 측면에서가 아니라 인간적인 의미에서 이해할 만한 것이라는 사실이, 나의 혹평을 악의적으로 보이게 할지도 모른다. 그러나 호라티우스의 말처럼, 정직하지 않은 사람이나 사기꾼이 아니고, 누가 그릇된 칭찬을 즐기며, 악평을 두려워할 것인가? 내 눈길은 좋은 것을 발견하지만, 내 손길은 나쁜 것을 추적한다. 물론 나도 자제력을 배울 필요가 있다는 것을 느낀다.

시와 윤리

이제 우리 시에 대한 미래파적 이해는 논란거리조차 못 되고 있다. 무시당했기 때문이 아니라 용인되었기 때문인데, 뉴웨이브로 불리기도 하는 우리의 미래파는 자신들의 문학과 입장을 상징적인 사례가 될 때까지 과장하고 선전함으로써 그것을 성취했다. 그러나 근대 이후 힘센 문학은 언제나 금기를 깨는 도발적 상상력에서만 자신의 새로움과 창의력을 증명할 수 있으리라 믿었던 미래주의적 전위들의 차지였다는 점에서, 사실 그러토록 과장과 선전에 열을 올릴 필요가 있었을까 싶다. 하긴 아방가르드들의 유희 본능을 충족시킬 수 있는 것 가운데 언론 플레이만한 것도 없기는 하다. 그러고 보면 우리의 미래파는 오래된 미래파인 셈이다.

당연히 우리의 미래파들에게도 비관습성은 문학의 전제이고, 위반과 일탈은 문학의 원칙이며, 그리고 경계 없는 삶은 문학의 목표이다. 이런 관점에서 시인들은 습관적으로 경계를 부수고 평론가들은 유보 없이 그들의 독창성을 칭찬하는데, 미래파의 시인과 평론가들은 심지어 범죄와 부정조차 비관습적이라는 이유에서 미학적인 것으로 간주한다. 물론 그들에게 중요한 것은 비관습성의 내용이라기보다는 그것의 형식이라고 할 수 있다. 말하자면 금기에 대한 위반과 관습으로부터의 일탈은 미학적 형식일 뿐 사회적인 내용은 갖지 않는다는 것인데, 하지만 과연 그럴까? 이것은 마치 아프리카 타조의 어리석은 알리바이와 같다. 미학이라는 구멍에 머리를 넣을 수 있다면 사회적 영향이나 결과들과 무관할 수 있다는 확신은 위험하다 못해 치명적이다.

이상한 일이지만, 요즘 우리 문학계는 어느 때보다도 윤리라는 말을 선호하고 있다. 2005년 문학의 윤리로부터 2008년 몰락의 에티카에 이르는 새 천년의 윤리 애호증에서 누군가는 금지를 금지하자는 미학적 급진주의에 대한 반대급부를 떠올릴지도 모른다. 그러나 불행히도 지금의 윤리주의는 문학의 존재 근거를 아름다움이 아닌 인간다움에서 발견하는 각성된 알리바이가 아니라, 관형격 조사 '의'가 나타내는 것처럼, 문학이 윤리를 전유하고 있음을 암시하는 유독한 아이러니다. 그러니까 개인의 윤리만이 진정성을 갖는다는 이른바 다른 윤리학에 대한 터무니없는 몽상을 은폐한 것인데, 이것은 도덕을 넘어선 도덕이 가능하다는 바타이유의 문학주의적 오산을 반복한다.

자신만의 방식으로 자신만의 선을 추구할 수 있다는 잘못된 신념에서 오는 것은 말할 것도 없이 도덕이 아니라 무질서이다. 다시 말해 미래파와 문학주의자가 만나 담소를 나누는 상대주의적 윤리학이라는 카페보다 더 윤리에 나쁜 공간은 없다. 사실 문학적 윤리학은 최근 윤리라는 말이 달리고 있는 사회적 진로의 원인이기도 하고 징후이기도 하다. 윤리는 과거 지혜, 예리함, 분별력, 올바른 판단 등의 의미를 포함했는데 반해 오늘날은 아둔함, 가부장제, 동성애 혐오, 엄숙주의 등의 의미를 연상시킨다. 『흥부전』에 대한 해석의 역사만 살펴보더라도 그것은 충분히 입증할 수 있는데, 이러한 과정이 가져다 주는 이점들 가운데 한 가지는 분명해 보인다. 바로 도덕의 무게로부터의 해방이다. 요컨대 윤리에 대한 문학적인 냉소와 경멸의 인기는 제도의 과잉억압을 제거해서 인간성을 회복하려는 소망의 결과라기보다는 오히려 우리의 욕구들을 제한하는 도덕적 정언명령을 파괴하여 개인적 방종의 범위를 증대시키려는 욕망의 소산이다. 문학의 분야에서 성공하려면, 이제 일종의 도덕률 폐기론을 공공연히 표방하거나 최소한 암시라도 하지 않으면 안 된다.

실제로 최근 우리 문학은 과거의 윤리적 유산으로부터 해방된 자아의 고무를 통해 사회적 의무를 참조하지 않고도 개인의 권리를 주장하는 일을 정당화하고 있다. 심지어 윤리를 아무런 의미도 없고 보존할 가치도 없으며, 나아가 어떤 희생을 치르더라도 무찔러야 할 공공의 적으로까지 간주하기도 한다. 하지만 이것은 민주주의의 실현에 관계할 공산보다는 홉스적 이리의 공간에 이어질 가능성이 훨씬 더 크다. 어쨌든 우리의 시인과 작가, 그리고 비평가들은 저마다 앞다투어 사회적 중력으로부터 자유로운 도덕적 모나드임을 자처하고 있는데, 그런 점에서 내가 요사이 읽은 두 권의 시집이 특별하다고 말하기는 어렵다. 그럼에도 불구하고 미학 속에서 왜곡된 윤리학의 사회적 영향을 짐작하는 데 그 시집들은 일종의 전형으로 다가온다.

세월이 흐르는 걸 잊을 때가 있다. 사는 게 별반 값어치

가 없기 때문이기도 하지만 파편 같은 삶의 유리 조각들이
처연하게 늘 한자리에 있기 때문이다. 무섭게 반짝이며

나도 믿기지 않지만 한두 편의 시를 적으며 배고픔을 잊
은 적이 있었다. 그때는 그랬다. 나보다 계급이 높은 여자
를 훔치듯 시는 부서져 반짝였고, 무슨 넥타이 부대나 도
둑들보다는 처지가 낫다고 믿었다. 그래서 나는 외로웠다.

푸른색. 때로는 슬프게 때로는 더럽게 나를 치장하던
색. 소년이게 했고 시인이게 했고, 뒷골목을 헤매게 했던
그 색은 이젠 내게 없다. 섭섭하게도

나는 나를 만들었다. 나를 만드는 건 사과를 베어 무는
것보다 쉬웠다. 그러나 나는 푸른색의 기억으로 살 것
이다. 늙어서도 젊을 수 있는 것. 푸른 유리 조각으로 사는
것.

무슨 법처럼, 한 소년이 서 있다.
나쁜 소년이 서 있다.

—「나쁜 소년이 서 있다」 전문

이 시는 허연의 시집 『나쁜 소년이 서 있다』(민음사, 2008)의 표제작인데, 여기서 시인은 자아가 곧 법이라는

유아론적 윤리학을 넘어서 심지어 나쁜 자아야말로 진정한 법이라는 악마적 윤리학으로까지 나아가고 있다. 물론 낭만적 유치함을 보다 더 위험한 진지함으로 바꾸려는 데는 이유가 없지 않다. 한마디로 사는 게 별반 값어치가 없기 때문이라는 것인데, 이러한 허무주의는 시인이 "사는 게 뭔지" 하는 생각들을 점철하는 거의 유일한 테마이다. 그에게 인생은 "절대 고독 안에 뒹굴고 있는 입석들의 폐허"(「슬픈 빙하시대 5」)이고, "소멸을 향해 가는 침울한 술렁임"(「등뼈로만 살기」)이며, "몹쓸 것 천지인 세상"(「길바닥이다」)이자 "결국 쓸쓸한 거"(「일요일」)로 간주된다.

그런데 시인은 삶과 현실에 대한 그와 같은 허무주의를 불합리해 보이는 증오로까지 끌고 간다. 내 생각에 사람들은 그것을 시인의 또 다른 시들 「경계선의 나무들」이나 「천국보다 낯선」에서 찾을 수 있을 것 같다. 그는 거기서 "서 있는 자리가 바뀌지 않는 이상/ 죽어도 구원은 없다"고, "아무것도 변하지 않는 건 죄악"이라고 전제한다. 그리고 마침내 "말라가는 것이 생(生)의 전부"(「멸치」)인 무가치한 세상에 대한 올바른 저항과 혁명에 관해 언급하는데, 우리 모두는 "역적이지도 무사이지도 않은"(「도시에서 꽃을 꺾다」) "무심한 비둘기"처럼 그런 세상과 공존하며 사는 대신 "세상의 멱살을 잡아/ 빌딩 밑으로 던져 버리"는 "파이트 클럽"(「파이트 클럽」)에 가입해야 한다는 것이다. 나쁘게 행동하라, 이것은 바로 무가치한 세상에 대한 시인의 윤리적 답변인 셈인데, 끔찍하게도 이 낭만적 유나바머의 행동강령을 오늘의 미학으로 합법화하는 일은 너무도 쉽다. 말하자면 삶의 무가치에서 야기된 파편 같은 현실의 유리조각을 그 삶을 타격하는 무기로 삼는 것을 위악적 부정이라는 문학적 의의와 결합하면 되는 것이다.

그러나 단지 그것뿐일까? 낭만적 이유에서 나쁜 행동만이 도덕적일 수 있다고 주장하는 악마적 윤리학은 정말 우리의 영혼에 아무런 해도 없는 것일까? "세상에서 쫓겨난" 그가 자기비하에 빠진 소심한 자아 속에 유폐된 채 세상을 관조하는 체념적 허무주의자로 처신할 때는 일단 그렇다고 할 수 있다. 하지만 개인의 절망을 세상의 절망이라 강변하는 자기기만의 강한 자아로 변신하여 결국 '세상을 쫓아내는' 파괴적 허무주의자로 운신하려 할 때의 그는 절대로 그렇지 않다. 이때 그는 언제나 사실에 대한 신념의 차이를 윤리의 차이와 혼동함으로써 윤리를 복수형으로 이해하는 귀납적 오류를 보여주는데, 사실 허연의 시를 관통하고 있는 신념은 새로운 윤리학이기는커녕 인간의 사악한 본성 중 하나인 이기주의와 다를 바가 없다. 이것은 「파이트 클럽」의 시적 자아가 "갖고 싶은 걸 가질 수 없고/ 욕망을 충족할 수 없다면/ 차라리 파괴해 버리자"고 노래하는 것에서 특히 두드러진다.

이처럼 시인은 명백히 금기를 모르는 자유에 대한 개인적 요구를 충족시킬 수 없는 세상은 기필코 파괴해야 한다는 이기주의적 신념을 문학적 윤리학으로 둔갑시키고 있다. 다시 말해 그는 세상을 무가치, 상스러움, 먹고 먹히는 경쟁, 지리멸렬, 영혼 상실 등으로 난분분할 뿐인 죄악 그 자체로 파악하고, 그 죄 많은 세상에 대한 범죄적인 속죄를 헛된 세상에서 구원받고자 하는 자들이 유의해야 하는 조언이자 심지어 도덕적 운동으로까지 격상시킨 것이다. 따라서 시인에게 윤리적인 범죄는 결코 모순형용이 아닌데, 그렇지만 만일 자기연민의 절망으로 완전히 약해지지 않고 문학적 성격으로 오히려 자기 내부에 억눌린 어두운 힘들을 강화시키는 시도가 도덕적 권력이 된다면, 결과는 자명하다. 사람들은 다른 모든 일을 취소하고 자기 삶의 균형을 무너뜨리는 일에 골몰하게 될 것이다.

지도를 태운다
묻혀 있던 지진은
모두, 어디로
흘러가는 것일까?

태어나고 나서야
다시 꾸게 되는 태몽이 있다
그 잠을 이식한 화술은
내 무덤이 될까?

방에 앉아 이상한 줄을 토하는 인형(人形)을 본다

지상으로 흘러와
자신의 태몽으로 천천히 떠가는

인간에겐 자신의 태내로 기어 들어가서야
다시 흘릴 수 있는 피가 있다

—「기담(奇談)」 전문

윤리를 부정하는 윤리가 여기에도 있다. 위의 시는 김경주의 시집 『기담』(문학과지성사, 2008)의 표제작인데, 일단 나는 내가 만든다는 낭만적 에고의 윤리학이 충격적인 이미지로 암시되고 있다. 한 인형이 탯줄을 자기 안에서 꺼내고 있는 기이한 장면을 보라. 하지만 인형이라는 말에서 이미 그것은 허망한 유령의 윤리학이 되었고, 시인은 곧바로 자아 이전의 존재론적 매트릭스를 상상하며 교묘히 자신의 '화술'에 지젝식 이드의 윤리학을 이식하고 있다. 그렇다면 시인에게 존재의 방향과 지표가 되는 지도를 태우고자 하는 도덕적 이유는 명백하다. 초자아의 윤리는 말할 것도 없고 자아의 윤리마저도 진실한 무의식의 흐름을 억압하는 "팬옵티콘"이기 때문이다.

그런 의미에서 김경주의 시들은 무엇보다도 기성의 윤리학에 지진을 일으키려는 시도로 볼 수 있다. 지진이 맨 먼저 폐허로 만드는 곳은 "입 안의 성"(「입 속의 성(城)에서 그가 어두운 거실을 왔다 갔다 한다」), 즉 언어라는 존재의 집이다. 말하자면 시인은 "공방에서 줄칼로 입속의 모든 좌표를 그어버린"(「이끄르들의 천식」) 셈인데, 결과는 이러하다. "라미가 는에게 저녁에 손을 잡아주었다 귀머리가 를에게 속삭였다 손에 목을이 달렸다"(「죽은 나무의 구멍 속에도 저녁은 찾아온다」). 언어의 낭떠러지를 만든 지진은 이번엔 윤리라는 언어의 가장 무도회를 급습한다. 그리고 그 자리에서 시인은 "엄마의 무릎에 앉아 내 몸에 있는 가장 연하고 부드러운 혀를 꺼내 피가 나오는 엄마의 잇몸을 꾹 눌러주었다"(「다섯 개의 물체주머니를 사용하는 자연 시간」)고 말한다. 수치심을 모르는 패륜아, 즉 광인이 그 윤리의 쑥대밭에서 출현하고 있는 셈이다.

물론 모든 현실을 기만적인 시뮬라크르로 치부하는 워쇼스키들의 사유와 무의식의 진실을 억압하는 윤리적 언어를 문법의 환상으로 쓸어버리는 푸코적 사유에서 볼 때, 이른바 실성의 윤리학은 일종의 계몽된 도덕주의에 해당한다. 미친 듯 행동하라는 것은 결과적으로 세상이 금기와 규율에 미쳐 있는 한 광기가 진정한 윤리이며, 윤리야말로 진짜 광기라는 것을 폭로하는 각성된 윤리학의 유용한 지침이 되는 것이다. 여기에는 당연히 부끄러움을 느끼는 자기인식이란 억압에서 오는 기만적인 환상에 불과하다는 정신분석학의 영향도 관계하고 있다. 그런 만큼 시인의 화술이 수치심 없이 제멋대로인 것은 이상할 것도 없는데, 가령 「미음, 미음을 먹어요」의 시인이 "어머니는 그날 아침 이빨 사이에 낀 아버지의 자지털을 손가락으로 끄집어내며 말했다"고 노래할 때 그것은 절정에 이른다.

그러나 만일 세계에 대한 포스트모던적 각성이 그와 같이 수치심에 기초한 윤리적 자기인식을 삼켜버린다면, 과연 삶과 현실은 어떻게 될까? 너무나 분명한 사실을 언급하려니까 좀 낯간지러운데, 최소한 싸구려가 될 것이고 최대한으로는 야만주의에 떨어질 것이다. 그런데 더 나쁜 것은 충격을 통해 도덕적 혐오감을 불러일으키는 작품이 '불온한'이라는 비평적 찬사 속에 독창적인 문학으로 간주된다는 점인데, 이것은 사실 유난스러울 것도 없는 현상이다. 실제로 정신병의 윤리학을 선전하는 시인은 기성의 모든 관념을 부정하는 아방가르드의 싹쓸이 스타일을 닮아 있다. 다시 말해 시인의 의도는 보편적 도덕에 대한 정통적 가설과 대립함으로써 충격적이고 독창적으로 보이는 데 있는데, 여기서 시인은 도덕적 상대주의를 통해 자신의 욕망을 만족시키려는 이기주의와 이념적으로 연대하게 된다. 다시 한 번 말하지만 이것은 동일한 도덕을 다른 방법으로 발견하는 것이 아니라, 오히려 마치 다른 도덕이 존재하는 것같이 보이게 만드는 귀납법의 허위이다.

귀납은 연역으로 가는 방법이 될 때만 진리가 될 수 있다는 토마스 아퀴나스의 원리를 상기해 보자. 오늘날 시인들은 도덕의 결함과 관련된 누적된 자료를 근거로 자신들의 방점을 그 자료가 끌어내야 할 연역적 전제가 아니라 자료 그 자체에 놓는데, 그릇된 삼단논법이 시작되는 지점이 바로 이때다. "모든 도덕은 나쁘다./ 선과 악의 구별은 오로지 도덕에만 기초한다./ 결국, 선과 악의 구별은 나쁘다."는 말할 것도 없이 잘못된 연역이다. 이것은 새롭고 독창적인 사고의 방법이 아니라 단지 사고의 정지에 불과하다. 또 다른 삼단논법을 생각해 보자. "선과 악의 구별은 가치 있는 삶에 필수적이다./ 선과 악의 구별은 오로지 도덕에만 기초한다./ 결국 도덕은 가치 있는 삶에 필수적이다." 어느 것이 진정한 선의를 담고 있는가?

비평가들은 코웃음을 치면서 '시의 윤리'는 기성의 윤리에 대한 반성이므로 윤리 그 자체는 중요하지 않다고 말할지도 모른다. 그러나 나는 윤리가 그들에게 중요한 것이라고 말하는 것이 아니라 필요한 것이라고 말하고 있다. 훌륭한 선의를 통해 오히려 도덕성과 사회적 미덕을 파괴하는 자유주의적 지성의 속성을 이해하는 사람이라면, 내 말의 의미를 눈치챘을 것이다. 화제가 되는 지적 도발은 신문이나 TV의 토론 대상에 오르고 광범위한 대중을 향해 흘러가 돌이킬 수 없는 지식의 흐름을 이루는데, 이런 방식으로 도덕률 폐기론은 실제로 도덕을 폐기하기에 이른다. 체스터턴은 언제나 문제는 최후의 연역에 도달하느냐, 아니면 아무데도 도달하지 않느

냐에 있다고 올바르게 지적했다.

그리고 또 다행스럽게도 보르헤스는 어디에선가 아무데도 도달하지 않으려는 시인들을 식별하는 기준을 제시했다. "한 시인이 어떤 행동을 제안했는지 감을 잡을 수 있다면, 그가 좋은 시인인지 나쁜 시인인지 알 수 있다."고 말이다.

인생의 조건

우리 사회에 하나의 망령이 출몰해 있다. 욕망이라는 망령이 그것이다. 특히 이 망령은 존재와 권리는 동일한 것이라는 루소적 자연법의 원리를 토대로 한다. 다시 말해서 존재하는 모든 욕망은 동등한 권리를 지니고, 따라서 어떤 권위도 그것을 침해할 수 없다는, 충분히 검토되지 않은 현대적 이념을 자양분으로 삼은 것이다. 이처럼 존재한다는 전제의 직설법에서 권리를 가져야 한다는 결론의 명령법을 도출해내는 현대성의 비옥함은, 심지어 욕망이 생겨나면 그 욕망은 즉각적으로 충족되어야 한다는 쾌락주의적 가지마저 거침없이 뻗게 만들면서 그 망령된 욕망을 성황당의 나무처럼 웃자라게 한다.

이때 욕망의 즉각적인 만족이라는 관념의 가지들은

기술적 발전이라는 축포와 함께 화려한 오색으로 치장된다. 예를 들어 배고픔을 즉시 해결해 주는 각종 가공식품과 패스트푸드의 황색, 유선 전화기가 아니더라도 언제든 통화를 성사시켜 주는 휴대폰의 청색, 어떤 장소에서도 유보 없이 텔레비전 시청을 가능케 해주는 DMB의 적색, 그리고 인화과정의 수고와 기다림을 사라지게 만든 디카의 백색과 길 찾기의 어려움과 긴장을 일거에 해소시켜 주는 GPS의 흑색 등이 그것이다. 이것은 사실 인간의 편익을 증진시킨다는 물질적 진보의 명분을 넘어선 기술적 남용의 사례들이지만, 여기서 더 큰 문제는 욕망의 충족과 기술적 진보를 혼동함으로써 문명화 과정을 불만이 아니라, 만족과 결합하는 경솔한 마르쿠제식 결론이 만연하게 된다는 점이다. 불행하게도 현대인에게 문명화와 욕망의 즉각적인 만족은 반의어가 아니라 거의 동의어가 되어 있다.

이것은 신용카드 보급의 일반화와도 무관하지 않다. 여기서는 수십 년 전 영국의 한 신용카드 회사가 선전했던 "원하는 것을 얻기 위해 기다릴 필요가 없다"는 유혹적인 캐치프레이즈를 상기하는 것만으로도 충분하다. 의심의 여지 없이 신용의 시대는 욕망의 시대에 대한 경제학적 환유라고 할 수 있다. 그런데 즉각적인 만족이

어느 날 갑자기 독촉 청구서와 연체료, 집달리와 압류의 형태를 불러온다는, 이른바 플라스틱 경제의 냉정한 메커니즘은 욕망을 즉시 만족시키는 일의 중요성에 대한 낭만적 과대평가가 가져올 현대인의 곤경을 암시한다. 이 곤경은 마치 아이를 가지게 된 데서 애완용 인형을 소유하게 되었다는 만족을 느끼던 부모가 그 인형이 걷고 말하는 순간 빠지게 되는 곤경과 같다.

예를 들면 숭례문 방화 사건은 자신의 욕망을 추구하는 인생이 처하게 되는 곤경을 잘 요약하고 있다. 2008년 2월 우리의 소중한 전통 건축물이 화재로 소실되었는데, 얼마 뒤 그 사건은 평범한 한 노인의 방화로 밝혀지면서 많은 사람들에게 충격을 주었다. 범인은 원하는 만큼 토지 보상비를 받지 못했고, 여러 번 민원을 제기했지만 소용이 없자 그 같은 일을 저질렀다고 했다. 그리고 현장검증 과정에서 그는 자신의 잘못을 인정하기보다 약자의 억울함을 호소하고 있었다. 요점은 자신의 욕망을 관철시킬 때는 권리를 의무에 앞세우고 그 욕망이 제약받을 때는 의무를 권리에 앞세우는 범인의 행태인데, 결국 그 방화범은 자기욕망의 충족이 정치적으로 정당하다는 관념이 낳게 되는 것은 천박하고 이기적인 인간상이라는 것을 보여준다.

그러나 여기서 훨씬 더 중요한 점은, 자신의 욕망이 권리를 갖는다고 생각하는 현대인은 그 욕망이 순응해야 하는 현실적 의무를 개인의 신성한 주권에 대한 불경죄로 간주하고, 사회에 대한 반감과 적의를 합리화한다는 사실이다. 아마도 이것은 늙은 방화범이 억울함을 말하며 자신이 아닌 사회를 향해 뿌린 시너 테러리즘의 뜨거운 내면일 것인데, 법률적 오류와 사회적 악의를 제거할 수만 있다면 인간의 삶이 순조로운 것이 될 거라는 낭만적이고 현대적인 이념은 사실 기만적인 것이라고 할 수 있다. 왜냐하면 불만과 좌절은 인간이 바라는 것과 세상이 줄 수 있는 것 사이의 영구적인 불일치에서 불가피하게 생겨나는 것이지 오류와 악의에서 우연하게 발생하는 것은 아니기 때문이다. 만일 자신이 자라나온 줄기를 부정하는 가지들처럼 인생의 조건을 왜곡한다면, 특정한 개인뿐만 아니라 사회 전체가 어떤 파국을 맞게 될지는 불을 보듯 뻔하다.

모종의 이념적 정당화 속에서 사회를 부정하는 치명적인 인생은 현대소설의 가장 인기 있는 주제이기도 하다. 가령 김승옥의 단편 「역사」(1963)에 나오는 주인공도 개인적 욕망의 추구를 방해해서는 안 된다는 이념을 학습한 현대인의 전형이다. 다만 이 소설의 주인공은 개인의 욕망에 대한 낭만적 숭배에서 마련된 이념의 기만적 성격과 파국적 결과를 좀 더 분명하게 상징하고 있다는 점에서 교훈적인 명백성을 갖는다. 소설의 줄거리를 간단히 요약하면 이러하다. 먼저 고학생이자 문학청년인 주인공은 도시 변두리에서 시내 중심부의 양옥집으로 하숙을 옮긴다. 그리고 그는 시종일관 새로운 하숙집의 규칙과 질서가 이전에는 제지받지 않던 자신의 욕망과 자유를 침해한다고 느낀다. 마침내 그는 양옥집 식구들이 매일 밤 마시는 보리차 속에 흥분제를 타며, 자신을 "부자유하게 평온한 마을을 해방시켜 주러 온 악마"로 상상하게 되는데, 도대체 우편 테러에 사용된다는 탄저균 백색가루와 그 흥분제의 거리는 얼마나 되는 것일까?

여기서 분명한 것은 개인의 욕망과 자유에 사로잡힌 낭만적 몽상이 역설적이게도 테러리스트를 낳는 자궁이 되고 있다는 사실이다. 그러니까 김승옥 이야기의 주인공은 숭례문 방화 사건의 범인처럼 자신에게 부과된 외부적인 규율을 개인의 주권에 대한 부당한 상처로만 인지할 뿐, 그 상처의 승화된 해결책을 찾거나 객관적인 태도로 불의를 개선하지 않는다. 오히려 그는 자신의 욕망이 대면하게 된 좌절을 자기 바깥의 현실이 가진 오류와 결합함으로써 반사회적인 행동을 감행한다. 이미 언급한 바 있듯이, 이념적 후광을 통해 신성화된 이기주의는 욕망의 좌절에서 오는 불만을 세상의 부당한 압박이라는 추상적인 피해의식과 쉽게 뒤섞을 수 있는 성능 좋은 용매이다. 결과적으로 그는 사회를 사무침의 원인으로 오해하고, 급기야 사회에 대한 테러에는 정의롭고 순수한 의의가 있다는 아주 위험한 이념에 헌신하게 된다.

이처럼 김승옥은 사회학적이고 심리학적인 정확성을 가지고 테러리즘의 이념적 원천을 날카롭게 지적한다. 하지만 자신의 인물에 대한 설명과 정당화 사이에서 위태롭게 흔들리는 모습을 보여주는 작가는 모호한 태도로서 병든 사상의 씨앗을 준비하고 있었다. 물론 1960년대는 개인의 불의보다 사회적 불의가 더 컸던 시절이라는 점에서 테러리즘의 상대적인 권리가 인정된다고 할 수 있을지도 모른다. 그러나 테러가 일상화되면서 자유주의의 위험이 전체주의의 위험을 능가하게 된 오늘날 1960년대에 심은 작은 씨앗이 거대한 콩나무로 자라난 것을 목격하는 일은 소름끼치는 일이 아닐 수 없다. 그런 의미에서 우리는 그런 '1960년대식 소설'을 검열할 수는 없다고 해도 혹평할 수는 있어야 한다.

변장한 1960년대식 낭만주의는 먼저 박상우의 『인형

의 마을』(민음사, 2008)에서 목격되었다. 간단히 말하면, 이 창작집에 실려 있는 소설들은 그 인형의 마을 한가운데에 있는 우물에서, 세상이 일종의 허구라는 현상학적 본질직관의 두레박을 통해 인생의 허무를 길어 올리려는 보드리야르적 시도이다. 그런데 어처구니없게도 이 책은 약점이 아니라 장점을 강조하는 평가를 받고 있다. 하지만 박상우는 미학적 우수성에 대한 좋은 평판이 사회적 위험성에 대한 나쁜 평가를 충분히 극복할 만한 소설집을 내놓지는 못한 것 같다. 그러므로 그의 소설은 아첨 섞인 호평보다는 진지한 혹평의 대상이 되어야 한다.

박상우의 인형들은 대체로 사회성을 상실했거나 살고 싶은 의욕을 잃어버린 사람들이라고 할 수 있다. 가령 제대 후 방탕한 숙부의 펜션에 기생하며, 그를 위해 힘들게 일하다 암으로 죽은 아버지를 종종 떠올리고 인생의 모순을 말하는 「융프라우 현상학」의 젊은이, 삶의 의욕을 되살리고 우울증으로부터 벗어나기 위해 남자 친구에게 납치 연기를 부탁하는 「인생 작법」의 한 여자, 그리고 남편의 유약함을 뿌리 뽑겠다며 애완용 강아지들을 차로 갈아버리라고 요구하는 그악스런 아내 앞에서 끝내 죽음을 택하고 마는 「야생동물 이동 통로」의 대학 강사 등이 그런 존재들이다. 이들은 악의적인 현실의 압박에서 치욕과 좌절이 유래한다고 생각하며 자신들의 상처를 절망에 연결하고 있는 셈인데, 여기서 바로 작가는 그들에게 헤어날 수 없는 절망을 안겨준 인생의 모순을 날려버리기 위해 음모를 꾸민다. 말하자면 박상우는 인생의 모순에 대한 안성맞춤의 해결책을 건네주지 못하는 세상은 「독서 형무소」가 우의적으로 보여주는 것처럼 희망과 질서라는 거짓이 지탱하는 전체주의적 허울일 뿐이고, 최악의 경우에는 짝퉁과 가짜의 마을 내지 허상과 아바타의 세계에 지나지 않는다는 일종의 낭만적 환상을 진실과 바꿔치기한다. 이것을 「노적가리 판타지」는 선명하게 보여준다.

"사람 인생은 사람이 만드는 게 아니에요. 그래서 난 모든 걸 받아들이죠……. 껴안기 위해서가 아니라 버리기 위해, 오직 버리기 위해……. 인간은 세상에 태어나는 순간부터 세상을 겪기 시작하죠. 어차피 겪는 게 인생이니까…… 겪는 것 말고는 별달리 할 게 없죠. 안 그런가요?"

"……."

"당신도 뭔가를 겪으며 세상을 살아왔을 거고, 뭔가를 겪다가 여기까지 온 거겠죠. 안 그런가요?"

"……그렇죠."

"겪는 과정은 지랄 같지만…… 겪고 나서 얻게 되는 건 종교보다 더 성스러워요. 난 그걸 알죠. 저 시아버지는 진짜 시아버지가 아니고, 나와 살던 남편도 진짜 남편이 아니고, 내 배 속에서 나온 아들도 내 아들이 아니죠. 세상을 겪게 만들기 위해 각자에게 주어진 배역…… 우리는 다 등장인물들일 뿐이에요."

"비극이로군요."

이 대목은 원하는 결혼을 반대한 자신의 아버지에 대한 복수심 때문에 다리를 저는 동생과 결혼하려는 여자가 그가 성불구인 것을 발견하고, 이번에는 그의 형을 유혹하면서 끝내 패륜에 말리게 된 주인공이, 사실을 알고 자살한 동생에 대한 죄책감 때문에 괴로워하며 어느 강마을에 이르렀을 때, 그 마을 노적가리에서 경험한 술 취한 판타지의 일부이다. 세상의 허구성을 스스로에게 설득하는 듯한 형의 판타지를 통해 작가가 의미하는 것은 의심할 여지없이 명백하다. 형의 패륜은 동생의 죽음에 대해 책임이 없다는 판단인데, 이런 생각은 필연적일 수밖에 없다. 왜냐하면 만일 반인반마와 같은 인생의 모순이 완전한 해결책을 갖지 못하는 세상이고, 그래서 세상 모든 것이 허구적인 것이라면, 높음과 낮음, 혹은 선함과 악함 따위의 가치 체계는 무의미한 것이 되고, 결국 악은 선과 동등한 권리를 지닌다는 마니교적 명상에 도달하게 되기 때문이다. 놀라울 것도 없이, 작가는 당위를 모르는 존재들로 충만한 허구적인 삶을 파괴하고 전복하는 행위라는 의미에서 패륜이나 살인과 같은 반인륜적이고 반사회적인 범죄들을 심지어 혁명적인 순수로 간주하기에 이른다.

물론 박상우는 완전한 인생에 대한 동경이 정당화한, 이른바 마니교적 낭만주의의 위험성을 자각한 듯한 모습을 보여준다. 삶이란 상처들이 점철되는 어쩔 수 없는 고통의 과정이지만, 이것은 절망에 이어지는 것이 아니라 욕망에서 오는 것이라는 사실, 즉 현실에 대한 솔직한 인정과 함께 인형의 마을을 나오는 것이다. 이것이 작가가 「인형의 마을」을 통해서 보여준 "자연적인 나"에 대한 각성으로서 가리키려는 것인데, 하지만 자아와 세상이 인위와 가식 없이 솔직하게 자연을 따르게 되는 방향은 또 다른 위험을 부르게 된다. 현대인들이 종종 저마다의 욕망과 상처를 놓고 솔직해지자든가 터놓고 말하자고 하는 데는, 그것이 부끄러워할 필요가 없는 아주 자연스러운 것이라는 의미가 전제되어 있다. 그러나 자연이라는 것이 위험한 유혹이라는 것을 부인함으로써 인위와 가식을 제거하려는 것은 어리석은 일인데, 위선을 모르는 솔직성은 천박함을 낳게 되기 때문이다. 이러한 천박함은 한 여자의 침대에서 발견할 수 있다.

여자는 힘없이 말했다.

"침대가 너무 넓어."

"넓은 게 어때서? 침대는 넓은 게 좋은 거야. 아직 익숙하지 않아서 그럴 거야. 며칠 지나면 괜찮아질 테니 신경 쓰지 마."

여자는 남자의 말을 믿고 싶었다. 다시 침대에 누워보았다. 새 침대는 두 팔, 두 다리를 다 뻗고 뒹굴어도 될 만큼 넓었다. 그러나 넓고 안정적인 더블침대 위에 누워 있는 여자의 불안감은 좀처럼 줄어들지 않았다. 치워버린 낡은 철제 침대의 좁지만 아늑했던 공간이 떠올랐다. 여자는 철제 침대가 그리워졌다. 철제 침대는 들어오자마자 처음부터 쉼터를 제공해주었다. 실내의 다른 모든 것들이 익숙해져버린 지금, 새로 들어온 더블침대는 스물두 평의 공간 중에서 마음 놓고 있을 수 없는 유일한 공간이 되어버렸다. 여자는 막막해졌다. 마치 벌판 위에 혼자 버려진 것 같은 느낌이었다. 한참 동안 뒤척거리다가 여자는 침대에서 몸을 일으켰다. 베개와 이불을 들고 방바닥으로 내려갔다.

박현욱의 소설집 『그 여자의 침대』(문학동네, 2008)에 실려 있는 표제작의 한 장면이다. 환멸로 점철된 1년의 결혼생활을 끝내고 스물두 평의 아파트에서 독신으로 살아가게 된 여성이, 얼마 전에 생긴 섹스 파트너를 위해 오래된 1인용 철제 침대를 버리고 인터넷으로 새로운 더블침대를 주문했다가 과거의 기억 때문에 불편해하는 대목이다. 결국 그녀는, 뜯은 것은 반품 처리가 안 된다는 침대를 어렵사리 추가 배송료를 부담하는 조건으로 좀더 작은 슈퍼싱글로 교환한다. 에피소드는 단순하지만 소설의 메시지는 아주 의미심장하다. 이 전언은 주인공이 마음에 들어하지 않는 침대의 교환 과정을 통해 단도직입적으로 비유된다. 요컨대 만일 반품 의사는 뜯어보아야 결정되는 것이고, 따라서 사용 후의 반품이 당연한 일로 수용되어야 하는 것이라면, 결혼에 관한 지나친 도덕의식과 이혼에 대한 사회적 편견은 자연스럽지 못한 오류와 악의일 뿐이라는 것이다.

이것은 문학상 수상과 영화화로 세간의 화제가 되었던 그의 장편 『아내가 결혼했다』(2006)에서 작가가 이미 두드러지게 지적한 바 있다. 결혼 제도와 사회적 통념에 대한 비평을 자극하는 박현욱의 소설들은 사실 입센이 노라를 통해 설득하려고 한 현대적인 주제를 상기시킨다. 입센과 박현욱의 관계는 보드리야르와 박상우의 관계와 다르지 않다. 그러나 박현욱은 가정을 부수기보다는 보수하기를 원하는데, 다만 여기에는 사고의 냉소적 전환에 대한 혁신적인 주문이 수반된다. 가령 「그 사이」의 주인공이 암시하는 것처럼 결혼이란 비유컨대 괴로움의 대사량을 증대할 방법이 없는 비극적 요요현상에 지나지 않지만, 「생명의 전화」에 나오는 이혼 경력을 가진 독신남이 주장하듯이, 기대와 환상을 버릴 수만 있다면 결혼생활은 즐거움을 주는 소극이 될 수 있다는 점을 깨달을 필요가 있다. 실제로 작가는 고통스런 결혼생활이 즐거움 없는 독신생활보다 낫다는 존슨 박사식 결론에 도달하는데, 물론 그런 결론은 세상에 순수하고 온전한 만족은 없다는 현실적 각성을 바탕으로 고통과 즐거움의 논리적 연산을 통해 이르게 된 것이다. 그렇다면 「연체」의 의미구조가 얼마간 드러내듯이, 배우자가 바라는 사람이 아니라면 연체료를 무는 한이 있더라도 결혼 생활은 반납되어야 하는 것 역시 건설적인 해결책이 된다.

작가는 결혼을 믿지 않으면서 결혼하려는 결혼 냉소주의를 통해 남녀관계에서 솔직함은 합리적인 최선이라고 생각하고 있는 것이 분명하다. 하지만 정말 솔직한 것이 최선일까? 낭만적인 정직성으로 위선과 가식이라는 보수적인 새침함을 제거하면, 그때 정말이지 모든 일이 잘 될까? 「그 여자의 침대」로 돌아가 보자. 남자가 도망치리라는 것을 알면서도 여자가 과거의 낡은 철제 침대를 그리워하며 슈퍼싱글로 만족하기로 한 일은 사실 자기욕망의 해방에 대한 일종의 은유이다. 그런데 여기서 그녀는 불만과 좌절에서 오는 눈물의 깊이 대신 만족과 안심에서 하품하며 흘린 눈물, 즉 피상성을 얻는다. 말하자면 냉소적 낭만주의는 깊이 대신 천박함을 택한 결과로서의 이기주의와 결합함으로써, 위장과 위선에 기초한 은밀함은 인간성의 목록에서 삭제될 수 없는 것이라는 삶에 대한 필수적인 이해를 빼앗기고 만다.

평론가들은 박현욱이 솔직함의 목마를 설계하여 사회적 편견의 성벽을 허물어뜨리려는 오디세우스, 아니면 적어도 여성들의 권리에 관심 있는 페미니스트라고 생각하는 것 같다. 이 판단이 틀렸다고 생각하는데, 왜냐하면 그는 냉소를 통해 정직함과 진정성이야말로 인간의 불만과 좌절을 종식시킬 유일한 원칙이라고 주장하며 자유를 핑계로 자기의 헤픈 욕망을 유예 없이 충족시키려는 이기주의의 찬동자일 뿐이기 때문이다. 작가는 자기욕망의 즉각적인 충족이야말로 행복한 인생의 필수조건이라는 카사노바 식 피상성의 철학을 설파하며 솔직함의 미덕을 왜곡하고 있는데, 당연히 솔직함을 따라야 할 때와 은밀함을 따라야 할 때를 아는 것은 성숙함을 필요로 한다. 어쨌든 진정한 삶의 동굴은 오로지 솔직성이라는 주문으로만 열릴 수 있다고 말하는 텍스트만큼 미숙한 것은 없다. 김경욱의 『위험한 독서』(문학동네, 2008)도 예외는 아니다.

> 당신은 자신의 주장을 내세우는 것을 죄악이라 여기는 것처럼 무구(無垢)한 겸양 속에 스스로를 가뒀다. 합당한 문장으로 번역되지 못한 당신의 욕망과 의사(意思)는 차츰 희미해졌고 종국에는 그런 것이 있기나 한 것인지 의심스러울 지경이 되었다. 당신에게는 억압된 욕망을 맘껏 투사할 수 있는 대상이 필요했다. 당신이라는 존재를 있는 그대로 받아들이고 스스로를 귀히 여기 여기도록 만들어줄 인물 말이다. 몇 권의 시행착오 끝에 나는 당신에게 다자이 오사무의 『인간실격』을 권했다. 노파심에서 나는 이렇게 말했다. 저자의 의도나 실제 삶 같은 건 중요하지 않아요. 책을 당신 것으로 만드세요. 책은 영혼을 비추는 거울이니 거울 속 자신을 들여다보세요. 이렇게 합시다. 저자는 죽었다고 생각하세요.

독서치료사가 억압된 욕망으로 자기비하에 빠진 당

신에게 자아 존중감을 부여하기 위해 저자의 죽음과 포스트모던 독서법을 권유하는 표제작의 한 대목이다. 「위험한 독서」는 실제로 7년 동안 사귄 남자 친구의 외도에도 불구하고 결별에 대한 두려움 때문에 헤어질 방법을 찾지 못하는 여자가 독서치료사의 도움으로 자기부정의 심리학적인 늪에서 빠져나오는 과정을 그리고 있다. 그러나 그 독서치료사는 제멋대로인 포스트모더니스트보다는 논리적인 정신분석학자에 훨씬 더 가깝다. 무엇보다도 그는 한 인간의 욕망은 고정된 양을 가지고 있어서 압력이 증가하면 폭발하므로, 어떤 식으로든 솔직하게 표출되어야 한다는 열역학적 관념을 신봉하는 리비도의 경제학자이기 때문이다.

의도는 명백하다. 독서치료사의 정신분석학적 낭만주의가 의미하는 것은, 억압된 욕망을 투사할 수 있는 대상을 찾아 자신의 욕망을 해소할 수 있을 때, 죄의식에 의한 자기연민과 자기모멸은 자기확신과 자기긍정으로 바뀔 수 있고, 비로소 파괴적인 리비도의 영향력은 최소한으로 줄어들면서 개인적 욕망은 사회적 관계와 균형과 조화를 이룰 수 있다는 것이다. 그러고 보니 김경욱의 소설집은 그러한 정신분석학적 사례와 증거들로 넘쳐난다. 예를 들어 자기모멸을 야구 선수에 대한 동일시로 극복하는 불운한 천재(「게임의 규칙」), 누추한 현실에 대한 복수심에서 생겨난 남편에 대한 살의를 과거에 대한 추억을 통해 극복하는 아내(「공중관람차 타는 여자」), 그리고 자유를 차압당하지만 몽상과 수음과 성인 잡지로 스파르타식 기숙학원을 통과해 가는 재수생들(「황홀한 사춘기」)이 있다.

그러나 작가는 신경증 치료에서는 전문가처럼 보이지만, 인간학적 이해에서는 아마추어에 지나지 않는다. 다시 말해 억압된 욕망의 비뚤어진 분출을 막기 위해 투사대상에 부착된 동일시의 감정적 해소가 자아를 회복시킬 것이라고 말하는 점에서는 옳지만, 자아의 회복이 곧 사회적 통합의 계기가 될 것이라고 말하는 점에서는 틀렸다. 왜냐하면 정신분석학자들이 하는 일은, 욕망의 왜곡에서 오는 폭력적인 감정들을 제거하는 것이지만, 이후 정상적인 감정을 가지게 된 사람들이 수행하는 자유로운 선택의 행위들에 대해서는 어떤 암시도 할 수 없는 것이기 때문이다. 오히려 복원되고 긍정된 자기에서 예상되는 것은, 욕망이 투사될 수 있는 대상에서 끌어낸 자아의 높이가 사회적 환경을 넘어가는 자아숭배의 위험성과, 욕망이 좌절된 원인을 자신이 아닌 외부에서 찾으며 사회적 파괴를 정당화하는 성난 자아들의 테러리즘이라고 할 수 있다.

이것을 인식하지 못하고 있다는 것은, 가령 「맥도날드 사수 대작전」에서 뚜렷하다. 소설은 맥도날드가 상징하는 표준화에 순응하며 매장을 지키던 직원이, 우연곡절 끝에 해고를 당하자 직면하게 된 반맥도날드적 의문을 통해 마침내 방화와 폭파의 위협을 포함하는 전단 테러리즘의 저항에 동의하는 과정을 보여주는데, 얼핏 사회학적이고 심리학적인 정확성으로 우리 안의 테러리즘을 예리하게 극화하고 있는 것처럼 보인다. 하나의 텍스트가 감정이입과 동일시의 원천이라는 사실을 놓치지 않고 있다는 점도 돋보인다. 하지만 불행하게도 주인공의 자유주의적 의문이 가리키게 되는 것은 사실상 테러리즘의 정당화이다. 카타르시스 작용이 일어나길 바라며 읽었던 것이 실제로는 자극하는 것이었던 셈인데, 경솔한 작가들의 일반적인 믿음과 달리, 잘못된 독서는 아주 막대한 부작용이 수반될 수 있음을 나타내는 증거라고 할 수 있다.

최근 간행된 세 권의 창작집에 대한 지금까지의 논평에서 혹시 누군가 다른 사람들의 주장을 넘어선다고 착각하는, 허영에 찬 자아의 높이만을 보고 코웃음친다면 애석한 일이 아닐 수 없다. 또 나의 논평을 두고 페르소

나와 작가를 혼동하는 일은, 단순하고 미숙한 독법이 흔히 보여주는 것처럼 예술과 현실의 복잡한 관련성을 이해하지 못하는 무지의 소산이라며 무시하거나 외면하게 된다면, 이는 자기기만에 빠지는 일이 될 것이다. 예술작품은 제아무리 복잡한 모습을 하고 있더라도 그 핵심은 아주 단순하다고 생각한다. 그리고 여기서 예술가가 자신들이 꾸며낸 이야기에 동의하지 않는다면 그 이야기를 잘 꾸며내지 못했을 거라는 체스터턴의 원리를 상기할 필요가 있다. 그런가 하면 소설가들의 솜씨가 거친 비주류의 그것이 아니라 세련된 주류의 그것이라는 점에서 좀 더 위험하다고 생각한다. 마치 그것은 식품 첨가물의 위해성이 싸구려 식품에서가 아니라 브랜드 식품에서 훨씬 더 큰 것과 같은 이치이다.

문학의 조건이 인생의 조건을 바꿀 수 있다고 생각하는 것만큼 어리석은 일은 없다. 물론 최상의 경우 문학의 조건은 잘못된 인생의 조건을 변화시키기도 했다. 그러나 영구적이고 불가피한 인생의 조건조차 문학의 조건 안에서 폐기될 수 있다고 생각하는 예술적 허세는 우리에게 커다란 불행이다. 아니, 어쩌면 그것은 불행이 아니라 재앙일지도 모른다.

위선의 옹호

오늘날 우리의 대학 강의실에서 취향이라는 말보다 더 자주 접하게 되는 말은 달리 없을 듯하다. 이 나라 거의 모든 대학이 민주주의의 근간이 된다며 금과옥조로 여기는 자유주의 교육학의 주된 실천형식은 이른바 토론식 수업인데, 이런 수업에서 주어진 문제에 관한 토론이 열띤 논쟁으로 격화되어 여러 주장들이 화해할 수 없는 지점에 이르게 되면 아주 빈번하게 취향이라는 말이 등장하고, 그 말은 곧바로 놀라운 중재의 능력을 보여준다. 취향이라는 말이 의견충돌의 상황에 개입할 때 의미하는 것은 명백해 보인다. 개인적 취향에 따라 해석이 다양할 수 있는 만큼 모든 의견은 민주적 관용 속에서 공존할 수 있다는 것이다.

그러나 취향이라는 단어의 그러한 현대적 용법은, 편견과 선입관을 교정하려는 데카르트적 회의주의와 연계될 가능성보다는 더 좋은 것도 더 나쁜 것도 없다는 극단적 회의론자의 상대주의와 관계될 가능성이 더 높다. 왜냐하면 학생들에게는 진리의 확실성을 추구하는 고된 사유의 길보다 진리의 상대성이 허락하는 가벼운 언어유희가 훨씬 더 매력적일 것이기 때문이다. 실제로 취향의 상대주의로 인해 뜨겁게 달구어진 대학의 토론문화를 언론의 자유라는 이름하에 껴안아야 하는 것은, 특히 진리탐구의 가치를 유념하는 몇몇 교사들에게는 너무도 고통스러운 책무가 되었다. 만약 진리탐구와 관련하여 옳은 것과 그른 것을 판별하려는 진지한 교사로 남으려면, 그들은 대부분의 학생들에게 모든 의견이 동등하다는 민주적 가정을 부당하게 훼손하는 차별적인 권위주의자로 비치게 될 것을 각오해야 한다.

사려 깊은 교사라면, 말의 사용이 아닌 말의 폐기에서 동일한 문화의 방향을 감지할 수도 있다. 가령 아직 죽지 못한 사람이라는 뜻의 미망인(未亡人)이라는 단어는 페미니스트들을 소름끼치게 하는 말인데, 현재 고인이 된 남편의 부인을 높여 부르는 용어로 사용되고 있지만, 그녀들에게 그 단어는 과거의 야만적인 순장 풍습을 반영한 가부장적 이데올로기의 폭력성을 숨기고 있다는 점에서 마땅히 사라져야 할 말로 간주된다. 사실 자유주의적 성향의 언론인과 학자들을 포함한 대다수 남성 지식인들 또한 같은 이유를 들어 미망인이라는 용어의 폐기론을 지지하고 있는데, 그들은 몇 가지 이유들을 더 추가하기도 한다. '남편이 죽은 부인'에 상응하는 '부인이 죽은 남편'에게는 그런 의미로 붙이는 말이 없다는 것도 그 이유들 중에 하나다. 그렇다면 해녀나 비바리와 같은 말도 없애야 하는 것일까? 남녀평등이라는 민주주의적 덕목에 대한 존경심을 지닌 현대사회라고 하더라도, 그게 그렇지는 않을 것이다.

물론 하나의 말은 역사적 흐름과 더불어 오래된 의미를 덜어내거나 새로운 내포를 덧붙이면서 그 외연이 변화되게 마련이고, 나아가 폐기의 운명을 맞기도 한다. 그러나 말이 지닌 의미의 변화나 용어 그 자체의 폐기에서 오는 문제들 가운데 하나는 변화의 당위에 압도됨으로써 그 말에 포함된 참된 미덕과 보편적 가치마저 함께 쓸어버린다는 사실이다. 목욕물을 버리면서 아이까지 내버리는 꼴인데, 미망인이라는 용어는 이 말의 어원학적 출처라고 알려진 중국 역사서 『춘추좌씨전』의 최초 용례를 보면, 돌아가신 문왕 부인이 초나라 재상 자원의 유혹에 직면해 스스로를 낮춰 부르며, 남편에 대한 애틋함까지는 아닐지라도 죽은 자에 대한 예의를 표현한 것이었다. 그런가 하면 우리는 그 용례에서 개인적 욕망에 대한 즉각적인 만족을 유예하는 자기억제의 미덕을 확인할 수도 있다.

의견들이 동등하게 존중되어야 한다고 말하는 것과 모든 의견이 동등한 가치를 갖는다고 말하는 것이 전혀 다른 문제인 것과 마찬가지로, 남녀차별이 부당하다고 말하는 것과 모든 차별이 부당하다고 말하는 것은 별개의 문제이다. 항생제가 몸에 해로운 약이라고 해서 항생제의 약리학적 이점을 포기할 이유는 없다. 미망인이라는 용어에서 편견과 차별의 기초를 적발하는 지식인이나, 미덕에 대한 칭송의 의미로 그 용어를 존칭화한 일에서 남성들의 문화적 위선을 색출하려는 페미니스트에게 그 용어를 폐기하자는 주장이 의미하는 것은 분명하다. 그것은 대중적 이기주의를 보편적 가치의 상속에서 오는 도덕적 부담으로부터 해방시키려는 것이고, 심지어는 권리장전에 기록하고자 하는 것이다. 게다가 그런 주장이 지니는 시장가치도 작지 않은데, 말하자면 폐기론자는 우리 사회 대중들의 천박한 쾌락주의에 아첨함으로써 그들의 매체 영웅과 경쟁할 수 있는 자격을 얻게 된다.

예를 들어 대중들의 쾌락주의는 페미니즘이라는 새로운 이데올로기적 필터를 통해 오래된 것이지만 보편적인 미덕이라고 할 만한 것들을 걸러버린다. 왜냐하면 그것들은 즉각적인 충족에 맡겨진 욕망이라는 그들의 소망적인 사고를 실현하는 데 거추장스러운 의무를 부과하기 때문이다. 얼마 전 라디오에서 듣게 된 가요의 가사 몇 줄은 그런 대중적 쾌락주의의 수상한 면모를 아주 성공적으로 포착하고 있었다. "남원골의 춘향이가 이 몽룡을 차버리고 대학로에서 싱글을 선언했어/ 세상의 사내들은 모두 다 내 곁에 오라 나도 맘에 드는 사내를 골라보자/ 청바지에 노란색 머리 열녀문도 헐어버린 압구정 춘향이가 외치는 한 마디는/ ……/ 오 일편단심 일편단심 이제 필요 없어 오 일편단심 일편단심 그건 남자들의 욕심/ 오 일편단심 일편단심 이제 사라졌어 춘향이 눈썹 넘어 광한루를 넘어" 그리고 얼마 뒤 국내의 유명 문학상을 수상한 어느 시인의 시를 접하게 되었다. 거기에서는 다음과 같이 노래되고 있었다.

> 이 여름 낡은 책들과 연애하느니
> 불량한 남자와 바다로 놀러 가겠어

잠자리 선글라스를 끼고
낡은 오토바이의
바퀴를 갈아 끼우고
제니스 조플린의 머리카락 같은
구름의 일요일을 베고
그의 검고 단단한 등에
얼굴을 묻을 거야

어린시절 왜 엄마는 나에게
바람도 안 통하는
긴 플레어스커트만 입혔을까
난 다리가 못생긴 것도 아닌데

— 문혜진의 「질 나쁜 연애」 중에서

한 쪽은 약간 직설적이고 다른 한 쪽은 다소 비유적이라는 세련됨의 차이에도 불구하고, 모두 정열은 그 치명적인 결과와 상관없이 억제되어서는 안 되는 것이라고 노래한다. 그렇다면 불량한 것과 양호한 것에 대한 판별력의 발휘를 차별적인 권위의 행사로 오인하게 만들었던, 통제될 수 없는 개인적 정열에 대한 찬미는, 당연한 것이지만, 저급한 장르와 고급한 장르를 구분하던 문화적 경계마저 소멸시키고 있는 셈이다. 실제로 요사이 우리 소설들은 지적인 얼리 어댑터들을 주축으로 세계에 대한 민주적 각성이라는, 그럴듯한 이념적 포장을 통해 사회진보에 필수적인 프로이트적 문명의 불만을 모두 즉각적으로 해소되어야 할 억압과 착취의 현상으로 가정하는데, 이 점에서 오늘날 한국의 작가들은 자유주의 지식인의 전형이라고 할 수 있다. 그러니까 그들에게 관습성으로부터의 일탈이나 불온함에 대한 애호는 해방과 자유의 미학적 전개로 인식될 뿐만 아니라, 심지어는 소설적 독창성과 탁월함의 가시적인 징표로 상찬되기도 한다.

여기서 우리는 고귀한 야만이라는 수사에 기대어 경계 없는 삶과 비관습성을 예술적으로 지지하고 격려하는 데서 심화되기 마련인 문화의 노골화라는 문제를 상기하게 된다. 가령 최근에 내가 읽은 심윤경의 연작소설집 『서라벌 사람들』(실천문학사, 2008)은 미학적 파격에 대한 환호가 동반하는 그러한 문제를 고스란히 드러내고 있다는 점에서 주목할 가치가 있어 보인다. 물론 작가의 노골적 상상력의 바디라인을 가늠하기 위해서는 예스런 문장들의 절제된 구사에서 오는 고대적 신비의 베일을 한 꺼풀 벗기는 것만으로도 충분하다. 그러니 그녀를 절제의 지지자로 오해하는 일은 아주 잠깐이면

된다고 할 수 있다.

심윤경은 자신의 연작소설집을 통해 집요하게 천오백년 전의 신라를 성(性)을 숭배하는 종류의 성(聖)이 지배하던 화끈한 토착종교의 나라 신국(神國)으로 형상화하는데, 실제로 지체 높은 귀족 여인들과 동성애의 유희를 만끽하는 연제태후와 혼인을 앞두고 선배 화랑과 남색의 환락을 즐기는 후배 화랑 준랑, 그리고 성대한 "교합례" 이후 숲속에서 뜨거운 신음으로 집단 야합을 벌이는 신라의 장삼이사들이 등장한다. 작가가 후기에 덧붙인 흥겹고 섹시한 신라인들에 대한 합당한 존경심을 운운하는 대목과 마주치기 전이라도, 독자들이 과거의 신화적인 윤색이 가리키는 의도를 간파하는 것은 어렵지 않다. 본능에 따라 살아가는 절대적인 성적 자유를 지금 여기에서 고무하려는 것이다. 이를 두고 후기의 작가가 박물관의 실제 유물까지 거론하며 "다큐멘터리를 제작하는 경건한 심정"을 운위할 때, 그것은 서투른 과장이 아니라면 뻔뻔한 기만에 지나지 않는다. 아니라면, 가령 「연제태후」에 나오는 다음 대목이 신라적인 삶을 생생히 재현하는 다큐멘터리란 말인가?

선제와 태후는 각자 첩실이나 사사로운 신하를 두지 않

고 오로지 배우자의 품 안에서만 기쁨을 누렸으니 이는 서로에게 걸맞은 거구의 짝을 다시 구할 수 없음이었다. 지증황제와 연제황후의 교합례는 그 영험한 생명력이나 징그러움에서 전후대에 견줄 예가 없이 출중했다. 법흥제도 물론 태자의 신분으로 제단 아래에 꿇어 엎드려 제와 후의 교합을 지켜보았다. 지증제가 등극했을 때 이미 제의 연치는 예순넷이었다. 천제를 주관하는 제관들은 제의 나이가 많으니 교합례가 시원찮을까 우려하고 태자인 법흥이 대신 교합례를 주관할 것을 권했다. 그러나 제와 후는 허허 웃으며 제관들의 우려를 일축했다.

엄숙한 고어 투와 신화적인 후광으로 파격적인 흥분의 어리석음을 감추려고 하지만, 이보다 더 노골적이고 무감각한 문장들이 있을 수는 없다. 한마디로 비현실적이다. 물론 심윤경의 낭만적 유토피아주의에 관한 우리의 혹평에 대해서는 두 가지 반론이 있을 수 있다. 하나는 그것이 현실적 흥분과 구분되는 이른바 미학적 흥분일 뿐이므로 둔감한 독자가 아닌 이상 상징적인 의미를 놓칠 수 없다는 것이고, 다른 하나는 「혜성가」의 신궁과 안홍사의 대비에서 드러나는 것처럼 인간 조건의 불교적 이해방식에 대한 고려는, 최소한 섬세한 독자라면 현실적 흥분이 미학적 긴장감의 구성요소라는 사실을 충분히 인식할 수 있다는 것이다. 그러나 흥분은 전염력이 아주 높고 미학은 이데올로기적 목적으로 쉽게 전환된다는 점에서, 그와 같은 미학적 흥분은 개연성 없는 공상을 현실화하려는 무모한 열정의 최음제로 작용할 가능성이 크다. 그런가 하면 사실상의 비평적 칭찬인 미학적 긴장감이라는 표현은, 종교적인 장식에도 불구하고 인간 본성과 문명화의 이해라는 차원에서 제멋대로이고 미숙한 소설들에 예술적 자격을 부여한다는 점에서, 자신의 성적 방종을 정당화하려는 지적 속물주의이거나 도덕률 폐기론과 같은 일종의 지적 몽매주의일 수밖에 없다.

결국 도덕의 제약에서 자유로운 성적 야만이 고귀한 현존으로 등극했던 과거 역사의, 소위 낭만적 신화화는 금지를 금지하고자 하는 현재적 이데올로기의 퇴보적 투영을 통해, 인간주의와 문명화는 억제라는 필요조건과 미덕이라는 충분조건으로 해서만 성립한다는 엘리아스식 사회학의 지혜를 종교적이고 문화적인 위선의 가리개에 불과한 것으로 부인하고 있는 셈이다. 물론 작가 심윤경은 우리 삶에서 「천관사」에 나오는 "대의를 지나치게 숭상하여 개인의 인생이 소리 없이 으스러져가는 비극"을 돌려 말하고 싶었는지도 모른다. 그러나 진정한 인생을 욕망의 즉각적인 만족을 추구하는 사람들에게서만 찾고, 또 참된 인간관계를 경계 없는 욕망이라는 피상적 공통분모로 환원하는 것은, 사회적 결과의 측면에서 안흥사 주지 스님 융천사의 말처럼 인간을 야생의 금수와 다를 바 없는 존재로 만들게 된다. 성적 금기의 파괴를 통해서만 비극을 희극으로 바꿀 수 있다는 관념은 명백히 경솔한 환상에 지나지 않는다.

사람들은 도대체 언제부터 그릇된 열정과 올바른 열정을 식별하지 못하게 된 것일까? 그들의 무지도 한몫했겠지만, 아마도 지적 엘리트들이 식별에 기초한 감식안을 권위를 바탕으로 한 차별적 권력으로 선전하며 그것에 문화적 위선이라는 낙인을 찍은 뒤부터가 아닐까? 작가들 또한 그런 엘리트들과 대중들 사이에서 이념적 뚜쟁이질을 해 왔는데, 이것은 위선적인 문화를 부정하기 위해 낭만적 위악을 창안해낸 일이 가리키는 그것이다. 그런데 불행하게도 최악의 사회적 경험을 초래할 수도 있는 위악을 미학적으로 정당화하는 일이 또 하나의 위선이 될 수 있다는 사실은 그들의 머릿속에 떠오르지 않았다. 위선이 또 다른 위선으로 대체된 셈인데, 이때 중요한 것은 올바른 위선과 그릇된 위선을 구별하는 일이라고 할 수 있다. 그러나 좋은 위선과 나쁜 위선을 구분하는 일의 중요성은 작가들의 위악 그 자체에 대한 애호와 위선에 대한 집요한 비평 때문에 거의 유실되었다. 다음은 이것의 가장 끔찍한 예들 중 하나이다.

"으, 으, 음끄끄……"

통닭 반마리를 거의 다 씹어 삼킨 시어머니가 조금 전과 같은 신음소리를 냈다.

(……)

"쇼팽의 피아노곡은 밥을 먹으며 듣기엔 너무 예민한 곡이야."

며느리는 전축 앞에 서서 혼잣말을 하더니 다시 식탁 앞으로 돌아와 의자에 앉았다.

"어머니, 제 얘기 좀 들어보세요."

(……)

"어머니, 옛날에, 페르시아에서 말이죠. 어떤 왕의 어머니가 며느리를 무척 미워했다죠? 왕의 어머니는 닭을 반으로 잘라 반쪽은 제가 먹고, 나머지 반쪽은 며느리에게 먹였답니다. 닭을 먹고 며느리는 죽었지요. 어떻게 그럴 수가 있었느냐고요? 그건 말이죠…… 아주 간단한 일이었어요. 칼날의 한쪽 면에만 독을 발랐거든요. 이제 아시겠어요?"

(……)

"어머니, 원래 가장 사랑하는 것이 가장 고통을 주는 법이랍니다. 어머니는 달걀보다 닭을 좋아하셨죠. 그러나 어머니도 아시다시피 달걀만큼 독을 타기 힘든 음식도 없답니다."

며느리는 시어머니에게 말을 하면서 쌀밥 위에 얹은 달걀프라이를 떠올렸다. 반쯤 익어 젓가락으로 건드리면 톡 터질 듯한 달걀노른자를 생각하자 입 안에 침이 돌았다.

이것은 오현종의 소설집 『사과의 맛』(문학동네, 2008)에 실려 있는 「닭과 달걀」이라는 단편의 거의 마지막 장면인데, (내가 몇 년 전에 읽었던 표명희의 「실리카겔」이라는 단편보다 훨씬 더한) 이 장면이 재현하는 시어머니에 대한 며느리의 잔인한 독살은 읽어 보면 금방 알게 되지만, 사랑이라는 허울 좋은 미명하에 부당한 고통을 강요하는 가족이라는 위선적 굴레에 대한 통렬한 자유주의 비평을 의미한다. 실제로 작가 오현종은 우리가 익히 아는 고전적 동화들을 패러디하는 반동화적 상상력으로써, 시종일관 자신의 소설들을 개인적 자유의 선양이라는 잘못된 위선을 지지하기 위한 다양한 위악적 변이들로 채우고 있다.

가령 「상추, 라푼젤」에는 사랑은 굽이치는 것이며 가족이라는 장애물이 높을수록 더욱 강해지는 법이라고 말한다. 사위의 성적 일탈을 미리 승인하는 파렴치한 장모가 나오는가 하면, 「헨젤과 그레텔의 집」에는 가족은 함께 살아야 한다는 위선적 편견을 버리라고 말하면서, 생계유지의 의무라는 고통만을 부과하는 가족 구성원들을 집에서 차례로 내쫓거나 유기하려는 패륜적인 주인공이 등장하기도 한다. 그러나 이미 언급한 것처럼, 파렴치와 패륜의 그런 위악적 시도들은 풍자적 논평을 구축하려는 작가의 의도가 반영된 것으로, 말할 것도 없이 이 논평들에서 핵심적인 표적이 되는 것은 무엇보다도 가족이고, 그리고 그런 식으로 그녀는 가족을 정열의 위선적 장애물이나 구태의연한 편견, 혹은 물거품처럼 허망한 것으로 그려낸다. 물론 오현종의 패러디에서 서사적 의도가 그와 같이 명약관화한 것은 아닌데, 왜냐하면 작가는 해석학적 다원주의라는 미학적 베일로 자신의 이야기를 감싸서, 독자들에게 그 뜨거운 감자를 떠넘기고 있기 때문이다.

감자가 아니라 실은 사과이다. 소설집의 표제로 선택된 '사과의 맛'을 설명하기 위해 후기의 작가는 "그 맛은 사과와 먹는 사람 간의 접촉을 필요로 한다"는 버클리 주교의 말을 인용하는데, 이 말은 독이 든 사과를 내미는 자의 치명적인 의도를 숨긴 채 독자의 해석학적 자의

성을 한껏 부풀어 오르게 한다. 물체를 관념이라 치부한 버클리를 발차기로 혹평했던 존슨 박사를 떠올리지 않더라도, 우리는 풍자적 논평의 방향과 패러디의 형식을 취하고 있는 작품은 독자들의 해석과 무관한 자리에서 그 의미를 분명히 한다는 것을 부인할 수 없다. 그리고 방향(sense)과 의미(sense)가 동의어라는 데서 알 수 있듯이, 진정한 해석은 작품에서 한 방향으로 깊어지는 의미를 발견하는 일이다. 작품에다 그 바깥의 독자들이 제멋대로의 의미를 부여하는 일은 아니다. 그러니까 작가 오현종은 가족의 현상학을 통해 위선적인 토대에서 부침하는 가족의 참된 실상을 보여주려는 착실한 관찰자라기보다는, 오히려 가족의 신화에 대한 비평을 통해 개인적 자유와 반사회적 시도들의 정당성을 말하려는 불온한 선동가에 가깝다.

위선의 진실을 발견했다는 핑계로 사회적 한계 위에 개인적 자유를 얹으려는 선동가의 말을 따른다면, 이 사회는 한마디로 "개판"(「헨젤과 그레텔의 집」)이 될 것이다. 예를 들어 아이들을 재우고 밤중에 은밀히 포르노를 즐기던 부부가, 느닷없이 깨어나 이 장면을 목격한 아이에게 위선적인 부모가 되지 않기 위해 포르노그래피가 어떤 것인지를 차분히 설명해 주려 한다면, 이보다 더 어리석은 일은 없을지 모른다. 경우에 따라 분명 위선은 악덕일 수 있지만, 그것이 그 자체로 악덕이 아니라는 사실 또한 명백한 것이다. 성생활이 단순한 생물학적 기능을 넘어서 인간적 문화의 일부가 되기 위해서는 여러 가지 형태의 의례적 베일로 가려져야 한다는 명령은, 천사같이 말하고 인간같이 사는 도덕주의자들의 위선적 행태라는 존슨 박사의 말이 아니라, 인류의 보편적 지혜라는 차원에서 파악되어야 한다. 문학적 불온성의 시조가 되는 이상(李箱)조차 비밀이 없다는 것은 재산이 없는 것처럼 가난하고 불쌍한 것이라고 올바르게 말했다. 다시 말해 인생이 비밀 없이 투명해야 한다는 생각만큼 그악스럽고 비인간적인 견해는 없는데, 이것을 알려면 그 반대편에서 씌어진 것을 읽어보기만 하면 된다.

> 그때 그는 자신이 미시즈 서에게 한 얘기들이 진심이라고 믿었다. 분명히 그는 자신의 절실한 욕망보다 사랑하는 여인의 궁극적 행복을 앞세웠다. 그러나 뒤에 냉정한 마음으로 살폈을 때, 그는 자신의 단념이 순수한 자기희생이 아니었음을, 그녀와 혼담이 있던 사내에 대한 열등감이 거기 섞였음을, 인정할 수밖에 없었다. 만일 그의 자신감이 흔들리지 않았다면, 아마도 그는 달리 행동했을 터였다. 그 생각이 줄곧 그를 괴롭혔다.

연인을 위한 자기희생은 건강했다. 따지고 보면, 그런 자기희생은 삶을 가능하게 하는 힘이었다. 그래서 자기희생에 따르는 슬픔도 건강했다. 슬픔은 의식을 지닌 생명체들이 상실의 충격에 대응하는 길이었다. 잃을 수 없는 것들을 잃었다는, 받아들일 수 없는 사실을 받아들이는 길이었다. 슬픔을 통해서 사람은 상실과 화해하고 살아가는 것이었다. 자연히, 연인을 위해서 자신의 사랑을 포기한 상처는 깨끗이 나았다.

열등감에서 나온 상처는 달랐다. 열등감은 본질적으로 자기중심적 감정이었다. 그것은 자기보다 나은 상대와 겨루어서 손해를 보지 않도록 하는 기능을 지녔다. 그의 열등감은 연인의 행복을 위해서 절실한 사랑을 포기하도록 그를 설득한 것이 아니라 그저 강한 연적과 겨루는 것을 두려워하도록 만들었다. 어쩔 수 없이, 그것에서 나온 상처는 깨끗이 아물지 않았고 동상에 걸린 살처럼 생각날 때마다 가려워지는 검붉은 부위를 그의 마음에 남겼다.

이 대목은 내가 최근에 읽은 또 다른 SF 창작집 복거일의 『애틋함의 로마』(문학과지성사, 2008)에 묶여 있는 「우리가 가지 않은 길」이라는 단편에서 인용한 것인데, 사랑했으면서도 그 사랑의 행복을 위해 결혼을 포기했던 주인공이 다른 남자의 아내가 된 옛사랑의 부음을 듣고, 과거에 생각했던 건강한 자기희생이 비겁한 열등감의 위선적인 은폐물이었을지도 모른다는 사실을 다시금 냉정하게 숙고하며 애틋한 회한을 피력하고 있는 장면이다. 작가의 내면과 인물의 내면이 겹쳐진 형태이긴 하지만, 비록 위선적인 것이었을지라도 절실한 욕망을 희생하고 상실의 슬픔을 겸허히 수용한 삶이 보여주는 품위 있는 내면은 좌절되었음에도 불구하고 정말이지 진실하고 아름답지 않은가.

사람살이의 심리학적 풍요로움과 깊이가 우리의 위선이 사랑의 비밀을 지킨 대가로 얻은 인간학적 은총이라는 점을 보여주는 서사적 사례는, 특히 한국문학의 현재적 흐름에서는 흔한 것이 아니다. 그러나 작가 복거일의 이번 작품들에서는 흔하게 발견되는데, 가령 표제작인 「애틋함의 로마」에는 사랑의 좌절을 되풀이 경험하면서도, 질투의 불길 대신 노래의 물길을 따르며 우주적 방랑을 택한 미래의 음유시인이 나오고, 「기적의 해」에는 영생이라는 생명의 비밀이 풀렸음에도 그 혜택에서 제외된 채 병들어 죽어가는 아내를 바라보아야만 하는, 얄궂은 운명의 비밀에는 속수무책인 안타까운 주인공이 등장한다. 말하자면 작가는 자신의 미래적 가상들을 욕망의 즉각적인 만족에 골몰하는 사드적 인생의 자유주의적 피상성 대신, 자기억제를 통해 욕망에 한계를 부여하고 그것을 유예함으로써 영혼을 드높이는 단테적 인생의 금욕주의적 깊이로 채운다.

작가 복거일은 다른 작가들과 달리 오도적인 현재의 관심에서 살아 있는 과거의 보편적 감각마저 훼손하는 것이 아니라, 깊이와 초월의 가능성을 간직한 과거에 대한 관심에서 아직 오지 아니한 미래의 현실까지 보정하려는 것인데, 이것은 바로 복거일식 애틋함이 기원하는 상상력의 발원지이다. 실로 애틋함의 상상력이라 할 만하다. 복거일의 말을 약간 각색하자면, 그처럼 모든 문학의 발길은 "애틋함의 로마"로 통해야 한다. 왜냐하면 작가의 또 다른 단편인 「서울, 2029년 겨울」에 나오는 말처럼 "세월이 흘러도, 바뀔 수 없는 것들"이 있기 때문이다.

그런데 우리 사회는 변화만큼이나 보존이 필요하다는 생각을 하나의 이념으로서조차 간직한 이들이 드문 것 같다. 위선적 제도라는 이유에서 (다소 유연하게는 가족 변형을 인정하며) 가족 붕괴를 조장하려는 자유주의자들의 번창을 보면, 또 그들에 대한 대중적 지지의 만연을 보면, 쾌락주의적 자유보다 더 빛나는 금욕주의적 굴레가 있다는 사실은 이제 이 사회에서 거의 완전히 잊혀진 것으로 보인다. 위악적인 문학의 선정적 매력보다는 차라리 위선적인 문학의 진부한 성실이 더 낫다고 생각한다. 아니, 차라리가 아니라 진심으로 위선을 옹호한다. 이것이 보수적인 생각인 것은 분명하지만, 그렇다고 반동적인 생각만은 아닐 것이다.

의심스러운 사람들이 있다면, 위선의 파괴가 자유의 증대가 아니라 성범죄의 증폭을 가져왔다는 사실을 확인해 보라. 문명의 질서보다 자기만족이 더 소중하다고 생각하는 자들이여, 그런 위악의 결과를 거울삼아 그만 소설책을 내려놓고 위선을 희망하라.

소설의 향기

낮은 출산율은 요즈음 우리 사회의 큰 고민거리 중의 하나가 되었다. 사람들은 대개 출산과 육아를 뒷받침하는 사회제도의 미비가 원인이라고 믿는데, 이러한 믿음의 확산에는 특히 자유주의 이념의 첨병인 페미니스트 지식인들의 헌신적인 기여가 있었다. 실제로 그들은 몸소 저출산을 실천하며, 정치인들과 행정관료들에게 조속한 대책의 제도화를 지속적으로 주문해 왔다. 유치원을 포함한 온갖 종류의 어린이 보육기관이 자치단체 관내에는 물론 학교와 학원, 교회와 병원, 그리고 심지어는 아파트 단지에까지 들어앉게 된 이유이다.

모든 사회적 제도를 억압적이고 폭력적이라고 규탄해 온 자유주의적 지식인들이 저출산 방지를 위한 제도

마련을 촉구하고 나섰던 것도 야릇하지만, 민주화 이후 고조된 자유주의적 분위기 때문인지 정부시책에 아랑곳하지 않았던 사람들이 최근에 자녀수를 늘리고 있는 것은 더 이상하다. 진실을 드러내기보다는 호도하는 경우가 허다한 각종 매체의 통계적 리서치는, 무자식이 상팔자라는 사람들은 한 자녀 가정을 선택하고, 하나만 낳아 잘 키우자는 사람들은 두 자녀 가정을 선택하고 있다는 것을 보여준다. 정말 사람들이 정부의 제도적 시책에 부응하기라도 한 것인가?

그렇지 않다. 출산율의 증가는 사실 황금돼지띠의 해라는 특수를 맞아 나타나게 된 일시적 현상일 뿐이다. 그런데 문제의 한시적 해소에 작용한 사람들의 이기적 욕망은 아이러니하게도 그 문제의 지속적인 원인이기도 하다. 사회제도의 미비는 저출산 원인의 필요조건일지는 모르지만 충분조건은 아니라고 생각하는 것은 그 때문인데, 실제로 출산율의 하락에는 사회제도의 차원보다는 개인적 욕망의 차원이 더 깊숙이 관계하고 있다. 사람들은 출산과 그 이후에 올 육아과정이 모든 이기주의를 포기하도록 강요함으로써, 자신들에게 이타주의의 고통을 부과하리라는 것을 무엇보다도 잘 안다. 그들은 그 이타주의 때문에 출산과 육아를 접촉과 관계에 대한 경이로운 체험이 아니라 욕망과 자유를 박탈당하는 경험으로 받아들이고, 결국 임신을 가능한 한 회피하고 있는 것으로 보인다. 그러니까 자신들의 욕망을 만족시킬 수 없다면, 사람들에게 한국 사회의 미래는 아무것도 아니다.

우리 사회에서 개인적 욕망에 대한 존중보다 더 높은 기준은 존재하지 않는 것처럼 보인다. 이 나라 사람들은 자신들의 이기주의를 판단하고 교정할 수 있는, 보다 상위의 기준들에 대한 가정은 부당하고 자연스럽지 않은 것이라 확신하는 듯한데, 놀랍게도 이러한 욕망의 수평화 속에서, 실제로 모든 영역의 공적 권위들은 개인적 욕망의 발현과 동등한 것으로 간주된다. 더 좋을 것도 더 나쁠 것도 없는 이기적 욕망들이 범람하는 가운데 사회적 아노미는 총체적인 것이 되고, 권위와 권위주의의 차이점을 인식하는 일의 중요성은 완전히 망각되고 있다. 그러고 보면 부모의 권위가 우습게 되어버렸는데 아이 갖는 것을 꺼려하는 것은 어쩌면 당연한 일인지도 모른다.

평등주의의 기조가 유난스럽다고는 하지만, 여기 이곳만큼 모든 욕망의 상대주의가 철저하게 관철되는 곳은 없다. 특히 우리의 교육현장은 자기 이외의 모든 외부적 권위를 거부하는 데서 생기는 소포클레스식 비극의 주요한 공연장들 중 하나이다. 지난 학기에 한 대학에서 글쓰기 관련 교양강좌를 맡아 수강자들에게 첨삭지도를 해주었는데, 그들은 그 교정이 자신들의 개성과 창의력을 억압한다고 생각했는지 불편한 심기를 노골적으로 드러냈다. 그런가 하면 또 다른 대학에서는 인문학 교양강좌를 세미나 형식으로 진행하기도 했는데, 토론 과정에서 학생들은 교사의 설명을 단지 하나의 견해로 치부하는 경악할 만한 태도를 보여주었다. 인문학에 관한 진지한 토론은 시종 소란한 말다툼으로 귀결될 수밖에 없었다. 그들 중 상당수가 자유주의적 파르티잔들이 칩거하고 있는 대안학교 출신들이라는 것을 알고 나서야 그 상황을 분명히 이해하게 되었다.

진리의 보편적 권위를 욕망의 개인적 권위로 대체하면 오직 반대되는 것의 상대주의적 거리와 이에 수반되는 자유주의적 난맥상만이 두드러지게 되는데, 이것은 작가들이 소설의 아이러니를 말할 때 의미하게 되는 바로 그것이다. 최근에 읽은 정영문의 창작집 『목신의 어떤 오후』(문학동네, 2008)는 그런 아이러니 문제를 전형적으로 드러내고 있다는 점에서 주목할 만하다. 그러나 그가 흥미로운 작가이기는 하지만 중요한 작가는 아니라고 생각한다. 왜냐하면 그는 아이러니를 독이 아닌 약으로만 생각하기 때문이다.

이는 사실 경솔한 생각이다. 예를 들어 「브라운 부인」이라는 단편은 난데없이 어느 부부의 평온한 일상으로 총을 든 어린 강도들이 침입해 온 이야기를 들려주면서도 강도와 인질이라는, 분명하게 유지되어야 할 서로의 역할을 잃어버리고 만 기묘한 사람들을 보여주는데, 그럼으로써 가해자와 피해자 간의 명백한 윤리적 경계는 철저히 무시된다. 브라운 부인이 남편을 무척 기만적이고 옹졸한 사람으로 무시하는 데 비해 강도는 무척 외로운 사람으로 이해하는 태도는 무척이나 이상야릇하다. 1960년대 김승옥의 「야행」 이후, 반대물 간의 거리감각이 그와 같이 비윤리적인 성격 속에서 발현된 경우는 달리 찾기 어렵다. 스톡홀름 증후군에 관한 작품이 아니라면, 의도는 의심의 여지가 없다.

정영문의 소설은 예외없이 아이러니의 상대주의적 감각을 억압하는 의미의 보편적 규범에 대해 적대감을 드러낸다. 소설에서 일정한 의미와 가치를 만들기 위해서는 의미들의 위계적 결속을 가능케 하는 동기와 요점이 필수적이지만, 그의 소설에서 요점은 독단을 강제하는 공안정권이고, 동기는 의미의 민주주의를 탄압하는 그 정권의 주구들이다. 이것은 말할 것도 없이 브라운 부인이 강도의 범죄 동기를 끝내 알지 못했는데도 불구하고 미소 지었던 이유이다. 나아가 정영문의 소설에 등장하는 거의 모든 인물들이 아무런 요점도 없지만 이야기를 나누는 일에 만족하는 까닭이다. 의미의 카스트가 붕괴되는 지점에서 솟아나는 그런 정서적 쾌감은 그의 소설 어디에서나 만나게 되는 어떤 선의와 교감, 그리고 소통의 공간과도 관계가 있다. 또 다른 단편 「여행의 즐거움」에 나오는 두 남녀의 여러 대화들은 그것을 압축해 보여준다.

> "매미 소리는 너무 노골적이지 않아?" 그녀가 말했다.
> "뭐가 노골적이라는 거야?"
> "그냥, 뭔가가."
> 그는 매미 울음소리에 귀를 기울였다.
> "그래, 듣고 보니 정말 그런 것 같아." 그가 말했다.

여자의 막연한 얘기에 귀 기울여 주는 남자의 공감적 태도 속에서 뚜렷한 것은, 모든 말은 상대주의적 권리를 갖는다는 아이러니의 교의이다. 작가는 여기서도 무한한 가벼움의 느낌이라는 자유주의적 감정을 만끽하는 것이다. 그러나 선의와 공감의 원천으로 작용할 것으로 가정되는 그러한 상대주의적 교의는 스스로가 자신의 진리주장을 철회해야만 하는, 이른바 오우로보로스식 자기부정의 함정에 빠지게 된다. 더욱이 아이러니의 감각이 순전하게 선의와 공감만을 자아낼 것이라는 생각은 비현실적이기도 하다. 현실적으로는 그것이 화해를 불러오기보다는 갈등을 부추기기 때문이다. 실제로 모두의 주장이 동등한 자격을 갖는 곳에서 생겨나는 것은 민주적인 관용과 공존의 윤리가 아니라, 진화론적 경쟁과 생존의 히스테리이다. 이것이 정영문의 소설에서 아이러니의 감각을 두둔하는 것이 아주 철저하게 경솔한 이유이다.

사실 소설가들은 아이러니에 기초한 자유주의적 망상을 사회적으로 만연시키는 데 앞장서 왔다. 이상하게도 그들은 아이러니를 의미와 가치의 위계에 따른 모든 종류의 억압과 강제를 막을 수 있는 자유와 해방의 원리로만 이해하고 있는 듯하다. 그런가 하면 요사이 젊은 작가들은, 진리에 대한 불가지론에 기초하여 어떤 것도 틀리지 않을 뿐만 아니라, 심지어는 어떤 것도 옳지 않다는 무분별한 포스트모더니즘 이론을 가지고 소설적 아이러니를 멋지게 장식하기도 한다. 그러나 만일 옳고 그른 것의 경계가 무너지게 되면, 그른 것이 옳은 것을 억압하는 전체주의를 간혹 방지할 수는 있겠지만, 대개는 지속적으로 옳은 것이 그른 것들 속에 묻혀 사라지는 몽매주의가 촉발될 것이다. 저마다의 욕망들과 저마다의 의견들이 동등한 가치를 지니게 될 때 자라나는 것은 무질서이지 자유가 아니다. 어느 포장마차에서 벌어진 난장판을 들여다보면, 모든 것이 명확해진다.

"사아랑도 명예도, 이름도 남기임없이……"

한 사내가 술을 먹다가 노래를 시작한다. 그는 가난에 힘이 실리던 시절을 떠올리며 점점 비장해진다.

"아앞서서 나가니이 사안 자여 따르라!"

"벼엉신"

"요즘 귀신들은 뭘 먹고 사는지 몰라." 한쪽에서 술을 마시고 있던 넥타이 둘이다.

사내는 벼락같이 고함을 지르고 한 녀석에게 달려든다.

"뭐라? 그래! 너 같은 새끼 잡아먹고 산다. 어쩔래? 넥타이 매고 건들거린다고 눈에 뵈는 것도 없어?"

국물은 사방으로 튀고, 포장마차 안은 엉망이 된다.

"에이, 씨펄. 저런 새끼 땜에 운동권 애들이 싫다니까."

또 다시 사내는 그쪽으로 몸을 날린다.

이 장면은 솔직히 김영현의 신작 소설집 『라일락 향기』(실천문학사, 2008)에 나오는 것이다. 정확히 말해 「낯선 사내와 술 한 잔」이라는 단편의 한 대목을 약간의 탈맥락화를 통해 발췌하고 요약한 것이다. 여기서 아이러니는 처방전이 아니라 분명 병리학이 되어 있다. 그러나 정영문의 경우와는 달리, 김영현의 아이러니는 억압적인 현실에 대항하는 소설적 방법이 아니라, 사회적 무질서의 원인이 되는 현실 그 자체로 나타난다. 김영현 소설에서 아이러니는 세계관이 아니라 세계상으로 인식된다.

「여름에서 겨울 사이」라는 단편의 서두에는 퇴직 후 소설을 쓰겠다며 방을 얻으려는 주인공이, 값이 저렴한 대로 마음에 드는 곳을 발견하고 복덕방 영감과 흥정을 벌이는 대목이 나오는데, 염상섭식 속셈의 차원에서 소설가가 되겠다는 이와 복덕방을 운영하는 이의 도덕적 차이는 거의 없다. 서로의 셈속을 들키지 않으려는 교환의 제로섬 사회에서 현저한 것은, 말하자면 윤리적 평형상태이다. 이것은 한 사람의 내면적인 상황이기도 한데, 자신도 문학병을 앓았다며 주인공에게 인생 조언을 아끼지 않는 오 원장은, 사실 동네 애들이 들락거리는 것이 싫어 화장실에 자물쇠를 채워두는 사람이기도 하다.

확실히 문학의 시대는 갔고, 황금의 시대는 도저한 흐름이 되었다.

김영현의 소설은 대체로 반대물 간의 거리감각을 의미의 민주주의를 앞당기는 자유의 방법이 아니라, 가치의 평등주의에서 유래한 윤리적 무관심의 현실에 관련시키고 있다. 요점과 동기는 확실한데, 그의 소설들은 오늘의 현실을 자본이라는 물신이 욕망의 수평화를 통해 도덕적 기준이라는 중심을 해체하면서, 생존을 위한 권력의지만이 창궐하는, 이른바 니체식 선악의 피안으로 규정하고자 한다. 결국 가치추구가 개입된 사고가 단절되는 데서 오는 그러한 도덕적 불확실성은 약육강식의 냉혹한 현실을 만연시키고 말았다는 것이 김영현 소설의 최종 진단이다. 그렇다면 그의 소설에 등장하는 인물들이, 비유컨대 로마의 원형경기장으로 들어선 검투사들임에도 불구하고, 가령 「나는 몽유하리라」나 「개구리」에 나오는 인물들처럼 진로를 모색하지 못하고 안개 속을 몽유하는 사람들로 형상화되는 이유는 자명하다.

당연히 김영현의 소설에서 그런 몽유병자들은 안개로 표상되는 아이러니한 현실에 적응하지 못하거나 적어도 그것을 불편해하는 자들의 절망과 관계된다. 이 절망은 마르크스의 이상이 가난에게 일종의 도덕적 권위를 부여할 수 있었던 시절을 회상하게 될 때 마침내 성토와 한탄으로 표출된다. 바로 그의 소설 전체가 공허한 푸념의 형식이 되고 있는 이유이다. 사실 그 안에는 하늘정원이니 가나안 프로젝트니 하는 낭만주의적 유토피아의 유산도 들어 있다. 그러나 김영현의 소설은 그런 푸념의 형식에서가 아니라 그 푸념에 이끌리는 태도에서 더 큰 문제를 보여준다. 왜냐하면 내용과 상관없이 푸념은 언제나 있을 수 있는 현실이지만, 그 푸념에 대한 동정은 소위 좌파 이데올로기의 정치적 도식화가 촉발하는 관념성을 드러내기 때문이다. 다시금 관념적 이상에 대한 미련으로 현실의 아이러니를 추인하는 포장마차의 사내를 떠올리며, 「라일락 향기」에 나오는 사내처럼 언제 철거될지 모르는 집 마당에 라일락을 심는 일이 말할 수 없이 중요하다는 생각을 하게 된다. 그 일을 도덕의 향기에 대한 갈망의 표현이라고 이해하는 사람은 단지 나만일까?

우리 시대에는 도덕적 향기의 소유는 말할 것도 없고 그 향기에 대한 갈망조차 아주 희귀한 재능에 속한다. 특히 광범위한 분야에서 자유주의적 관점의 지지자들은, 아이러니의 도래로 인해 역사의 유물이 되어버리고

만 도덕을 거론하는 것은 터무니없는 시대착오라고 믿는다. 일정하게 공정성을 보여주는 사람들 가운데서도 아이러니는 위기이면서 동시에 기회라고 말할 뿐만 아니라, 윤리적 폐허는 언젠가 새로운 윤리의 출현을 보게 될 것이라고 전망하는 이들은 의외로 많다. 그들은 마치 감기는 약이 없고 그저 잘 앓고 나면 면역력을 보강한 새로운 건강을 얻게 된다고 말하는 사람들과 같다. 그러나 아이러니를 그런 감기의 병리학으로 이해하려면, 1년에 한두 서너 번 걸리게 되는 감기와 항시적으로 겪어야 하는 감기를 구분할 필요가 있다. 감기는 만병의 원인이기도 하다.

그렇지만 도덕은 잘 써야 약이 되지 잘못 쓰면 독이 될 수 있다. 일종의 파르마콘인 셈이다. 물론 지금 이 나라에는 도덕적 질서에 대한 감각이 그다지 많이 남아 있는 것처럼 보이지 않는다. 그렇다면 사람들이 자유의지를 부여받았고 또 도덕적 선택을 할 수 있다는 칸트적 의무윤리의 요청보다는, 그들이 악에 대한 유혹에 빠지기 쉬운 원죄를 지녔으며, 그래서 도덕적 선택을 부과하지 않으면 안 된다는 공리주의적 신념이 더 현실적이라고 할 수 있지 않을까? 이때 필수적인 것은 행위의 동기가 아닌 결과들을 비교하고 판단할 수 있는 상위의 기준, 즉 공통감각이다. 역시 최근에 읽은 손홍규의 새로운 창작집『봉섭이 가라사대』(창작과비평사, 2008)는 바로 그런 현실적 기준을 도입하고 있다는 점에서 상당히 흥미롭다. 두 논다니의 대화에서 그것은 암시적이다.

아영은 최집사 옆에 쭈그리고 앉았다.

"지랄하네. 내가 모를 줄 알아? 우리 엄마한테 사내들 소개시켜주고 소개비 뜯어먹은 거."

최집사는 고개를 조아렸다.

"진작에 파묻어버릴 수도 있었어. 너한테 기회를 주는 거야. 사람들 앞에서 진실을 밝힐 수 있어? 그럼 모른 척하고 이 촌구석을 떠나줄 테니까."

최집사는 고개를 저었다.

"그런 용기도 없는 게 상도 운운했어? 하여튼 상식들이 없다니깐. 퉤! 야, 그거나 줘봐."

"……?"

"너 맨날 끼고 다니는 이스라엘 삼국지 말이야. 참, 목숨으로 못 갚으면 돈으로 갚아야 하는 거 알지?"

단편「상식적인 시절」에 나오는 한 장면인데, 어느 소도시 모텔촌에 박혀 있던 논다니인 최집사가 굴러온 논다니인 아영에게 단골을 빼앗긴 뒤 상도 운운하며 드잡이질을 벌였다가 호되게 당하는 대목이다. 한마디로 작가는 여기서 "너희 중에 죄 없는 자가 돌로 쳐라."는 목소리조차 원죄의 낙인이 찍혀버린 상도의 시대에 유일한 도덕은 이기심뿐이고, 그리고 그 이기주의는 해도 너무해서는 안 된다는 상식에 호소할 때만 윤리적으로 교정될 수 있다는, 이른바 공통감각을 지지하고 있다. 실제로 손홍규의 소설에서 상식이 안 통하는 세상에서 상식이 통하는 세상에 대한 감각을 유지하는 일의 중요성에 대한 강조는 빈번하게 목격되는데, 이것은 결국 그의 소설에서 광우병이니 브루셀라니 언론에만 나오면, 죽는 건 소가 아니라 소를 치는 사람들(「봉섭이 가라사대」)이라는 몰상식한 아이러니를 풍자하는 힘이 되어주는가 하면, 이것을 근거로 가난한 자들이 사는 방식에 대한 비극적 공감을 자극하는 동정적 상상력의 원천이 되어주기도 한다.

문제가 없는 것은 아니다. 왜냐하면 가난에 대한 비극적 공감은 어느 정도 김영현의 소설이 보여준 바 있는 좌파적 이데올로기의 관념성에서 유래하고 있기 때문이다. 손홍규 소설의 희극성이 정치적 도식화의 위험을 알고 있다 해도 그 사실은 변하지 않는다. 더욱 나쁜 것은, 인간 행동에서 자유의지라는 의식의 책임을 확신하도록 하는 대신 사회제도라는 물적 조건의 책임을 상기하도록 만드는 마르크스주의의 심리학적인 영향이라고 할 수 있다. 말하자면 그의 소설에서 가난한 사람들은 「이무기 사냥꾼」에 등장하는 인물들처럼, 의식적인 선택을 해야 할 순간에도 이무기로 상징되는 불가항력적인 사회적 체계를 가정하고 죽은 시늉으로 생존을 도모하는 나약한 존재로 스스로를 경험한다. 이것은 그의 희극에서조차 풍자적 활력이 끝까지 유지되지 못하는 이유이다. 결국 손홍규 소설의 도덕성은 음울한 감상으로 떨어진다. 그리고 손홍규 소설의 유머는 과거 김유정의 「만무방」이 그랬듯이 상식이라는 최소한의 도덕마저 무너지고 나면 보게 되는 것이다.

유머는 풍자와 다른 문학적 양식이 아니라 풍자가 약화된 양식이다. 따라서 유머는 반대물 간의 상대주의를 합법화한 현실의 아이러니에 효과적으로 저항하는 방법이라기보다는 무력하게 순응하는 방법이다. 상대주의는 상대해서는 안 되는 것을 자꾸 상대하려는 우리 시대 병리학의 중핵이다. 누군가에게는 철지난 도덕적 기준을 고집하는 것이 미련하게 보일지 모른다. 그러나 우리는 사회적 부패를 정의의 이름으로 고발하려는 선의가 사법기관을 피해 종교단체를 향할 수밖에 없는 이상한 국가에 살고 있다. 필요한 것은 보존이지 변화가 아니다. 문학의 향기가 절실한 것도 그 때문이다.

나오는 말

차이에 대한 존중, 판단으로부터의 도피, 이것이 현대의 유행이다. 천박한 대중문화와 거짓된 깊이의 문학작품을 언어의 채찍으로 닦아세웠던 진지한 문학비평이 지젝식 문화비평이나 〈위대한 탄생〉류의 오디션 프로그램이나 광고 이미지에 대한 순진한 사회비평에 점점 더 밀려나고 있다.

이러한 문화적 대중주의는 권력이란 이미 그 자체로 나쁜 것이라는, 상대주의적이고 자유주의적 판단착오 속에서 그나마 온전했던 문학의 영역마저 잠식하고 있는 것처럼 보인다. 그리고 여기서 들려오는 것은 무엇보다도 충격과 물의의 효과를 문학작품의 효과로 간주하는 속류 아방가르드들의 기회주의적 환호성이다.

결국 나의 비평적 외침은 그 비열한 환호성에 파묻히고 또 곧 '목이 쉬어' 가라앉을 것이 틀림없다. 사실 문학의 곤경을 가리키는 나의 '쉰 목소리'에서 문학비평의 잊혀진 의무를 떠올리는 사람은 그다지 많지 않을지도 모른다. 그래도 "미래가 없이 패배의 몸을 길게 눕히고 있는 것"을 위해 나는 다시금 목이 쉬도록 외친다. 하지만 이것이 문학적 관점에서는 아마도 다소 격이 낮은 것임은 인정한다.

이제 예술의 권좌에는 대중예술인 영화가 앉아 있고, 엘리트주의의 소산으로 단죄된 문학은 그 아래 부복해 있다. 이상과 진실에 대한 확신이 이미지와 환상에 대한 신뢰로 대체된 아이러니와 모호성의 시대에 그러한 구도는 불가피한 것인지도 모른다.

하지만 영화는 사상을 축소하고, 우리 시대의 음란하고 도착적인 관심들에 부역할 반지성주의를 숨기고 있다는 점에서 우리 문화의 폐경기를 이끌 공산이 크다. 이 점은 무엇보다 영화비평에서 징후적인데, 실제로 영화비평을 대할 때면 비평인지 선전인지 구분이 안 갈 때가 많다. 그것은 내부자들이 떠드는 평가와 정보일 따름이다.(특히 그들은 베데커식 별점제를 선호한다.) 영화가 좋은 것인지 나쁜 것인지에 대한 진정한 판단은 별로 없다.

요즘 영화를 감상하는 일이 갑자기 독서와 사색의 동

격으로 취급되며 지적인 노동의 하나로 간주되는 것 같은데, 이것은 물론 영화의 질이 높아졌기 때문이 아니라 사람들의 기준이 낮아졌기 때문이다.

그러나 문화의 폐허가 우리 눈앞에 펼쳐지고 있을 때, 그것은 위기감을 주기도 하지만, 다시 시작할 수 있다는 의욕을 불어넣게 마련이다. 그러니 이미 산산이 깨져 버린 문화의 파편들을 쓸어버리고 오랜 전통 속에서 확고한 신뢰를 쌓은, 믿음직한 옛것들을 가지고 새로이 시작하는 것은 어떻겠는가? 진정한 고전들이 비평가의 의식과 만나면, 그의 마음과 정신의 어떤 것이 다시금 뜨겁게 타오르게 된다.

여기서 비평가는 무엇보다도 판단하는 존재로 거듭나는데, 조지 슈타이너가 지적한 것처럼, 이때 "비평가란 언뜻 보기에 흐릿하고 독단적으로 보이는 인식일지라도 이성과 모방 의식에 쉽게 접근시키는 사람이다." 슈타이너는 비평가를 서평가와 구별하며, 비평가는 서평가와 달리 걸작에만 관심을 가져야 한다고 말한다. 비평가의 기능은 단지 좋은 것과 나쁜 것을 구별하는 일이 아니라, 좋은 것과 최상의 것을 구별하는 일이라는 것인데, 우리 문화의 현실을 놓고 보면 아마도 우리의 비평가는 그런 비평가를 자임하기 이전에 서평가의 의무부터 수행해야 할 것이다. 우리 문화를 타락시키는 가짜들의 마법을 풀어서 우리를 더 가난하지만 더 정직하게 만드는 일부터 말이다.

서평가가 혹평가가 되어야 하는 것은 바로 이 지점이라고 할 수 있다. 물론 이러한 혹평가로서의 서평가에 대한 불신은 오래 전부터 있어 왔다. 볼테르는 『캉디드, 혹은 낙관주의』라는 자신의 철학적 로망스에서 한 신부의 입을 빌어 서평가를 다음과 같이 힐난한다.

"바로 살아 있는 악이지요. 그는 모든 작품들과 책들을 혹평하여 먹고 산답니다. 마치 내시가 바람둥이를 증오하듯이 그는 성공한 사람이라면 누구든 증오하지요. 그야말로 욕설과 독으로 먹고 사는 문학의 독사지요. 바로 삼류 문사예요."

그런가 하면 빌 핸더슨과 앙드레 버나드는 『악평』이라는 책의 서문에서 서평가의 심리학을 조금 더 설득력 있게 다음과 같이 규정한다.

"왜 서평을 쓰는가? ……그 이유들 가운데 하나는 분명 서평 쓰는 일이 다른 이의 작품들에 대해 심판을 내리면서 취향의 조정자 구실을 한다는 점에서 권력욕을 충족시킨다는 것이다. 또 다른 이유는 다른 이를 바보로 만들면서 자신은 똑똑해 보인다는 만족감이다."

솔직해 말해, 다른 사람들이 괜찮다고 느끼거나 심지어 아름답다고 느끼는 것들 속에서 결점을 찾고 비판하는 즐거움이 없다고는 말 못하겠다. 하지만 그게 전부는 아니다. 영국의 비평가 테리 이글턴은 자신의 서평집 『반대자의 초상』 서문에서 이렇게 고백한다.

"비평이라는 데는 더러 앙심이 끼어들기 쉬운데, 나 자신이 정기적으로 앙심 어린 비평의 대상이 되는 만큼 그것을 익히 알고 조심하는지라, 여기 실린 글 몇 편이 논쟁적이고 풍자적일 수는 있어도, 딱히 악의적이거나 불공정하지는 않으리라고 믿는다."

나 역시 조심했고, 따라서 내 글이 악의적이거나 불공정하지는 않으리라는 것을 믿는다. 설사 악의와 불공정이 발견된다고 할지라도, 칭찬과 공격을 함께 받는다는 것이 시인과 소설가들에게 그렇게 괴로운 일은 아닐 것이다. "명성이란 배드민턴 공과 같다. 한쪽 끝에서만 공을 치면 곧 바닥에 떨어지게 마련이다. 공중에 떠 있기 위해서는 양쪽에서 같이 쳐줘야 한다."라고 존슨 박사가 지적한 적이 있지 않은가. 그렇다면 칭찬과 공격을 함께 받는 것이 시인과 작가들에게 불쾌하고 손해가 나는 일만은 아닐 것이다.

이렇게 얘기해도, 다시 한 번 말하지만, 이 책의 한계는 분명하다. 진정한 비평가처럼 걸작에 관심을 갖는 것이 졸작에 대한 우회적인 비평이 되는 것이라면, 이처럼 지면을 낭비할 필요는 없는 것인지도 모른다. 하지만 최고의 작품은 아니더라도 좋은 작품들이 졸작에 파묻혀 가고 있는 상황이라면 정녕 얘기가 다르지 않겠는가. 정말이지 졸작들을 걷어내고 그 가운데 묻혀 있는 좋은 작품들이 드러날 수 있는 상황을 구축하는 것이 쓸모없는 짓이 되겠는가. '만약 이 책에 약점이 있다면 평가에 비해 분석이 약하고, 분석에 비해 서술은 더 약하다는 점이리라.' 하지만 이렇게 변명을 늘어놓고도 내 마음이 편하지는 않다. 나의 스승은 언젠가 다음과 같이 충고하셨기 때문이다.

"나쁜 것과 악한 힘을 완전히 없애려고 하는 노력은 어리석은 것이어서 쉽게 절망감이나 독선에 빠지기 쉽다. 나쁘고 악한 것의 존재를 견디지 못하고 그것들을 일시에 박멸하려는 조바심은 그 자체가 나쁜 힘이 될 가능성이 있다. 나쁜 것과 악한 힘은 거친 마음으로 공격하는 것이 아니라 고운 마음으로 덮는 것이다."

분명한 것은 이 책에서 나는 '고운 마음'의 비평가가 아니었다는 사실이다. 스승의 충고를 받아들이지 못해 죄송하다는 말씀을 드리고 싶다. 나도 언젠가는 모두가 좋아하는, 나만의 걸작을 만났으면 좋겠다. 그 "오월의 멧새"를.